之江实验室智能社会治理实验室 | 科技与社会系列图书

EXPLORING THE WAY TO
PHILOSOPHY AND
SOCIAL SCIENCES LABORATORY

探 路

数字技术推动研究范式变革

董 波 等 / 著

中国科学技术出版社
·北 京·

图书在版编目（CIP）数据

探路哲学社会科学实验室：数字技术推动研究范式变革 / 董波等著 . — 北京：中国科学技术出版社，2023.11
　ISBN 978-7-5236-0305-5

Ⅰ.①探… Ⅱ.①董… Ⅲ.①哲学社会科学－研究－中国 Ⅳ.① C12

中国国家版本馆 CIP 数据核字（2023）第 208940 号

策划编辑	申永刚　齐孝天
责任编辑	申永刚
封面设计	北京潜龙
版式设计	蚂蚁设计
责任校对	焦　宁
责任印制	李晓霖

出　　版	中国科学技术出版社
发　　行	中国科学技术出版社有限公司发行部
地　　址	北京市海淀区中关村南大街 16 号
邮　　编	100081
发行电话	010-62173865
传　　真	010-62173081
网　　址	http://www.cspbooks.com.cn

开　　本	710mm×1000mm　1/16
字　　数	208 千字
印　　张	18
版　　次	2023 年 11 月第 1 版
印　　次	2023 年 11 月第 1 次印刷
印　　刷	北京盛通印刷股份有限公司
书　　号	ISBN 978-7-5236-0305-5/C・246
定　　价	99.00 元

（凡购买本社图书，如有缺页、倒页、脱页者，本社发行部负责调换）

INTRODUCTION

序一

国家相关部门在本世纪初就提出建设哲学社会科学实验室（以下简称为文科实验室）的命题。我们直到十几年以后，才感觉到这是一个非常有意义的命题，考虑是不是应该尽快列入工作议程，加以推进。说它有意义基于以下几个方面：①这个命题在延续关于哲学社会科学研究科学性的讨论。②当前哲学社会科学研究中许多循环往复式的思辨性讨论，似乎和科学性越离越远。③当代社会面临许多棘手的复杂问题，似乎仅依靠传统的个体脑力劳动难以解决。大多研究者的共识是，我们必须搭建一个有效的平台，通过相关资源组合、互动，来研究、解答问题。④工具和技术的进步，是否已有条件可以让哲学社会科学研究，更有把握能比较精准地观察、推演变量之间的关系。但是，关于什么是文科实验室，相关文件、文献中真没有明确的、让人可以把握和操作的定义。大约是受到了"摸着石头过河"的鼓励，本着"干中学"的原则，浙江省社会科学界联合会和浙江省哲学社会科学工作办公室在2022年着手动员、组织省级文科实验室建设。浙江省教育厅也于2023年启动高校文科实验室建设。我有幸参与了部分工作，阅读了各申报单位关于组建文科实验室的材料，也走访了一些实验室并大致了解了它们的基础条件和设施。令我感动和欣喜的是，社科界特别是高校对于文科实验室建设有极大的热情，将它视为培育哲学社会科学学术新优势的一个重要项目。学者们对促进学科融合、运用新测量技术和数字化工具研究，从而实现研究范式的创新有一定共识。他们所申报的文科实验室，几乎都集中了该申报单位文科的优势学科和优秀学者。但让我感到遗憾的是，除了极个别申报团队，大部分人都没有下功夫思考什么是文科实验室、哲学社会科学为什么要搭建"实验室"这样的研究平台等基本问题。申报沿袭一般文科研究搭建平台的路子，内容基本是研究资源的堆叠式呈现，个别甚至连什么是实验研究都含混不清。

我以前的工作主要是和学者们打交道，养成了干一件事要对所涉及的主要概念琢磨一番的习惯。虽然我对于文科实验室的思考还是零碎的，但也试图在零打碎敲中渐渐接近其核心要义。第一，文科实验室研究的是哲学社会科学的问题。这看起来好像不是问题，但把握不住这个问题，就可能出现两个偏颇：一是研究的虽然是哲学社会科学问题，但完全没有实验研究的意识，也就是没有体现出运用不同于传统哲学社会科学研究方法来解决问题的逻辑；二是已注意到文科实验室建设不同于搭建传统文科研究平台的这个命题，但为体现这个命题，所设定的研究方向却非哲学社会科学问题，比如，用实验方法研究古画或旧影片的修复，大致不属于哲学社会科学问题。第二，文科实验室主要运用不同于传统的哲学社会科学研究方法开展研究、解决问题，这是它突出的特征。传统的哲学社会科学研究方法往往表现为，通过实地观察或事实记录，进行逻辑演绎或归纳比较，是以定性为主的方法。文科实验室既然冠以"实验室"的名称，那么其解决问题的方案就应该体现——提出假设，并通过控制变量调节特定自变量，观察、测量因变量和自变量变化之间的关联性——这样一种定量研究的范式。当前，互联网和人工智能技术日新月异，文科实验室应努力运用海量数据和泛在网络，把传统的理论演绎、归纳研究和实验研究、计算机仿真等方法融合，以实现数据密集型的知识发展和人工智能驱动下的知识创新。第三，文科实验室应体现哲学社会科学研究组织方式的创新。它既不是传统人文科学个体化研究形式，也不是当前常见的——参与一个研究所（或研究中心、研究院），在大致相关的领域，做各自的研究——松散组织研究形式，更不是单一学科（哪怕是一级学科）的合作研究形式。文科实验室的组织方式创新可重点在三个方面下功夫：①研究目标和为达成目标而分解的阶段性、层级性任务（课题），都要有严谨的顶层规划。②根据研究需求和顶层规划，实验室可动员的研究资源（包括不同学科的研究人员、各类辅助成员、研究所需的软硬件工具等）可以比较灵活地组合、解散和再组合。③有需要合作建设和应用的工具，比如，大型测量工具构成、数据库、垂直大模型等。第四，文科实验室应该以研究综合性复杂问题为主要愿景。这是当代社会发展的要求，当然，时代发展也同时为哲学社会科学解决综合性复杂问题提供了可能。研究复杂的大问题就要确立大视野（全球化、万物可联、走向外太空的视野），在集成的框架内分解问题，形成"分解—集成—再分解—再集成"的逻辑链。研究复杂的大问题既要打破哲学社会科学自身的学科分割，更要注重社会科学和自然科学的跨界融合，运用好自然科学的思维和方法。

我的这些思考是我在浙江省文科实验室申报、评审、论证的工作中，和大家学习、交流时慢慢积攒的，没有系统也不成逻辑。我只是想表明文科实验室建设是一项全新的工作，大家都在探索。现在非常可喜的是，之江实验室社会治理实验室的董波等学者拿出了《探路哲学社会科学实验室：数字技术推进研究范式变革》的书稿。这部书稿，我想至少可以帮助我们梳理在文科实验室建设中来不及思考或还没有系统性把握的一些基本问题和重要问题。书稿比较系统地回答了什么是文科实验室、为什么要以文科实验室建设来解决哲学社会科学的问题；通过对哲学社会科学研究范式的演进、发展过程的梳理，回答了文科实验室在研究方法或范式创新的重点与方向；非常有针对性和实操意义地提出了如何建好文科实验室的建议。书稿没有停留在经典实验研究范式中讨论文科实验室，而是浓墨重彩地阐述了在数字技术高速发展的今天，哲学社会科学研究所面临的重大挑战。所谓计算社会科学，本身在理论和实践上还有许多未解决的问题，但是大数据驱动、人工智能驱动的社会科学研究范式，必将是哲学社会科学解决综合性复杂大问题、自身迭代跃升的重大机遇。据此，我有理由确信，这本书稿将在浙江省文科实验室建设中产生里程碑意义。

序二

　　自然科学、社会科学和人文科学本质上只存在学术建制上的区分，它们之间总是密切关联的。20世纪50年代之前，社会科学的发展与自然科学相对独立，相互之间的跨学科研究较少。到了20世纪70至90年代，发达国家进入后工业化时代。信息革命不仅让经济、政治和文化领域中的全球化达到了前所未有的水平，许多事关人类共同前途和命运的议题，诸如科技进步的社会影响，全球化与贫富分化，工业化与环境污染，国际间人口迁移与宗教冲突、种族冲突等，也越来越多地引起自然科学研究者的关注。与此同时，经济学、社会学等学科也在持续完善自身的定量分析研究手段，试图用严谨的数学方法对经济社会问题进行描述和求解。在这种背景下，自然科学、社会科学开始走到一起，各门科学都开始意识到自身的相对性，也意识到应该与其他学科密切关联。[1]包括社会网络分析、计算社会科学、社会控制论等在内的一批数据密集型的跨学科社会计算研究逐渐兴起，为社会科学应用实验方法，将实证统计和理论模型分析相结合探索复杂且重要的经济社会问题提供了样板。

当前，人类社会正处于从信息革命转向智能革命新的历史关口。2021年5月28日，习近平总书记在中国科学院第二十次院士大会、中国工程院第十五次院士大会、中国科学技术协会第十次全国代表大会上指出："当前，新一轮科技革命和产业变革突飞猛进，科学研究范式正在发生深刻变革，学科交叉融合不断发展，科学技术和经济社会发展加速渗透融合。"[2]在此背景下，自然科学与社会科学需要更加深入地融合，围绕经济社会发展的关键议题开展多学科交叉合作，集中智慧，开展前瞻性和应用性的研究。社会科学的诞生很大程度是对工业化所带来挑战的回应，它聚焦于探索社会良性运行和协调发展的条件与机制。面对数字化、智能化的机遇与挑战，当下社会科学同样需要跳出经典理论和传统方法的"舒适区"，与计算科学、数据科学、空间科学、复杂科学携手，在理论和方法上交叉融合，共同推进研究范式的变革。

哲学社会科学实验室并非新生事物。早在1994年11月，中国人民大学信息学院原院长陈禹教授就在中国人民大学主持建设了国内第一个经济科学实验室，将计算机应用、管理信息系统等学科领域的成果引入实验经济学研究，推动了复杂适应系统（CAS）理论与信息经济学在国内的传播与创新。[3]

从十几年前起，我本人就将社会计算和社会智能作为研究方向之一。2014年中国人工智能协会（CAAI）成立了社会计算与社会智能专业委员会（以下简称专委会），旨在通过多学科交叉融合，以社会计算为方法论，以人工智能、大数据等信息技术为科学工具，构建

"社会计算试验场",深刻剖析社会计算与社会智能的内在机制,实现对新型社会现象的发现与机理揭示,促进社会计算与社会智能的发展。专委会团结了一大批各学科、各领域的研究骨干,组织引进大量国外先进研究成果,产出了一系列具有影响力的论文、著作,持续举办全国大数据与社会计算学术会议等全国性会议和国际会议。近年来,社会计算相关交叉学科领域呈现欣欣向荣的发展态势,说明大数据与人工智能为映射、分析和预测复杂社会提供了崭新的研究机遇,也直观体现了跨学科交叉融合的巨大优势。在取得众多成绩的同时,我们也真实感受到了学科壁垒之坚、范式转变之难、学术共同体合作之不易,推动自然科学、社会科学交叉融合绝不可能一蹴而就,需要大家不断团结力量,紧抓政策红利,积累发展资源。

作为之江实验室智能社会治理实验室学术委员会的主任,我很高兴能够与这样一个年轻团队分享我的学术经验与研究资源。他们是新型研发机构中少有的聚焦于自然科学与社会科学交叉研究,为社会科学研究范式变革提供计算平台与数据支撑的团队。当我得知刚刚获评浙江省哲学社会科学试点实验室的小伙伴们,希望就如何建设哲学社会科学实验室开展调查研究,广泛借鉴中外成熟实验室经验,为全国各省市高校和科研机构的相关探索提供指南时,我是高度肯定和支持的。读完书稿后,我认为他们花了很大精力论证了哲学社会科学开展实验研究的历史逻辑、科学逻辑与政策逻辑,也对于重要的社会科学实验、知名的社会科学实验室、当下的前沿实验研究方向进行了广泛而深入的调研。最重要的是,他们围绕着实验室如何开展跨学科、跨领域、有组织的科研进行了详细分析,提出了以国家战略为引领、学科优势为特色、实验方法为根本、装置平台为基础，成果导向、人才导向、服务导向、管理导向的建设指南，为共同探索具有中国特色的哲学社会科学实验室体系提供了借鉴经验。

哲学社会科学实验室是自然科学与社会科学交叉的前沿领域。正如本书书名中的"探路"二字所意味的，该实验室的建设需要政府、学术界和社会公众对其功能定位和建设目标展开广泛、持续的讨论。之江实验室智能社会治理实验室年轻的团队经历了扎实的案例调研和深入的理论思考，明确了自身的努力方向与发展目标。尽管本书部分文字表达可能还比较青涩，部分理论分析可能还不够深厚，但撰写团队对于此项研究的态度是非常真诚的。这份真诚也体现在他们渴望哲学社会科学实验室能够真正发挥作用，让社会科学与数据科学、计算科学一起蓬勃发展。

尽管中国的社会计算发展起步比国际略晚，但得益于我国国情与治理体系优势，近年来其发展势头强劲，新学科建设如火如荼。面对发展的机遇和挑战，哲学社会科学实验室只要站在服务中华民族伟大复兴战略全局的高度，统筹国内国际学术资源，发扬"社会+技术"的优势，探索新方法，树立新范式，培养新人才，必将能够为中国特色哲学社会科学体系建设做出更大贡献，为建立一个有温度、有仁、有信和有情的数字社会乃至智能社会发挥关键作用。[4]

序三

英国物理学家霍金在其2010年的著作《大设计》中，开篇就称"哲学已死"，因为"哲学跟不上科学，特别是物理学现代发展的步伐。在我们探索知识的旅程中，科学家已成为高擎火炬者"。[1]如此宣言，可谓傲慢，但居然并未招来太多的反驳和争论。究其缘由，一方面是哲学本身早已放弃了探索世界本源这样的形而上学主题；另一方面，哲学社会科学在科研方法上的创新远跟不上自然科学，确是不争的事实。怀特海所言的"两千五百年的西方哲学只不过是柏拉图哲学的一系列脚注而已"[2]，在我看来，与其说是对柏拉图的崇拜，不如看作是对哲学发展停滞的自讽。

2023年大模型ChatGPT的火爆，让大家感到人工智能时代真要来临了。在这被摩尔定律支配和各类技术"涌现"的时代，世界已然到了奇点前夜。如果哲学社会科学的研究还遵循着传统线性、渐进式的知识创造和传播，又如何能引导人类社会驾驭这即将到来的科技大爆炸呢？

一批有识之士已经开展行动，他们汇聚于新的交叉领域，名曰计算社会或社会计算。这个新的交叉领域不仅把大数据和人工智能的技术运用到哲学社会科学研究中，推动哲学社会科学范式向数据密集型科学变革，更是想把人文思想影响和植入到科学技术的演进中，让一路狂奔的科技不至于成为脱缰的野马，给人类社会造成"异化"问题。

为加快学科交叉融合创新、开展跨学科跨领域的有组织科研，也为了解决经济社会发展中原有技术方法难以应对的综合性、复杂性问题，从国家到地方，大家都开始积极启动哲学社会科学实验室建设，以期在实验室中创造出新工具、新方法、新范式，来解决当今时代哲学社会科学面临的新问题。

之江实验室是一家以"智能计算"为主方向，打造硬核科技力量的新型研发机构，哲学社会科学研究并非其主业。但之江实验室也是一个平台型实验室，以智能计算赋能各类数据密集型研究，推动"AI for Science"，自然也应该有"AI for Social Science"。因此在浙江省启动省级哲学社会科学实验室建设时，之江实验室第一时间响应和参与，组织了一支年轻的交叉学科背景团队，创建了之江实验室智能社会治理实验室，成为浙江首批成立的三家省级试点哲学社会科学实验室之一。

我们建立智能社会治理实验室，不是为了让实验室的科研人员"躲进小楼成一统"来研究智能社会，而是希望他们能从哲学社会科学的研究命题出发，贡献之江实验室的数据资源、算力优势，不断打磨相关智能工具平台，真正赋能浙江省及全国的社科工作者。正是基于这样的理念，实验室创立伊始就得到了同行们的关注和支持，上门交流与合作者络绎不绝。一些学界前辈和主管领导，也在深度调研后纷纷鼓励我们要坚定走下去，给了我们莫大的信心。

同时，也是在和国内同行的学习交流中，我们发现哲学社会科学实验室的建设不仅在浙江省如火如荼，在全国也正形成一股浪潮，多个省市及其科研机构正在谋划启动哲学社会科学实验室。但由于哲学社会科学实验室本是一个全新事物，且涉及跨学科领域知识，纯社科背景的团队在谋划建设中，往往有无从下手、力不从心之感。因此，在多次交流和调研过程中，我们不禁萌生出"何不编写一本哲学社会科学实验室建设指南"的想法。虽然哲学社会科学实验室的概念定义、建设路径、实验方法等均有待研究探索，但面对被一片迷雾笼罩却又暗藏宝藏的森林，我们希望做第一批探路者。

说干就干，我们马上组织了一支精干的起草小组，开始收集整理国内外相关文献，赴各地调研已建立的相关实验室，对自身建设智能社会治理实验室的前期经验进行反思和总结。大家齐心协力，历时十月，终于完成了本书稿。

本书共分为四个篇章。第一章为"溯源"。我们以历史纵览的视角，回望哲学社会科学的演进、相应科研范式的转变，以及国家相关政策的演化，以期让读者通过对该领域历史的追溯，找到其发展的脉络。

第二章为"借鉴"。在各地调研过程中，我们发现大家对哲学社会科学实验室的理解不一，建设形态和实验方法也各不相同，但均取得了一定的成效。所以斟酌再三，我们放弃了对"哲学社会科学实验室"进行统一定义的打算，而是梳理了历史上著名的哲学社会科学实验和知名的实验室，以期指出大数据和人工智能时代的前沿实验方向。希望读者通过了解大量对照案例，归纳出自己对哲学社会科学实验室的定义。

第三章为"实操"。这是本书的重点，也是本书写作的初心——写一本让广大有志于建设哲学社会科学实验室的同行们可"按图索骥"、循章办事的操作指南。我们从自己打造之江实验室智能社会治理实验室的经验教训出发，学习借鉴了国内外几个成功的哲学社会科学实验室的做法，归纳出建设这类实验室须重点考虑的八个步骤。这八个步骤，不仅对后来者在谋划建设方案和起草申报材料有借鉴价值，更会在具体建设上帮助大家少走很多弯路。

第四章是"展望"。作为一项全新的探索，哲学社会科学实验室面临的挑战还很多，未来前景也充满了不确定性，但只要我们迈出步伐，坚定方向，总能走出一条有价值的路。作为探索者之一，我们也希望通过自己的摸索和前瞻性的思考，能为国家建立整个具有中国特色的哲学社会科学实验室体系建言献策。

本书是集体创作的成果，董波负责策划本书的总体架构和主要内容，王平、王嘉琪对书稿进行了校核。在各章撰写上，王平、黄成凤、李亚玲承担了第一章的撰写；方竞、刘冠楚承担了第二章的撰写；王平、王嘉琪、李亚玲、黄成凤、魏祥林、刘冠楚、方竞共同承担了第三章的撰写；方竞、王平承担了第四章的撰写。

在本书起草过程中，我们调研了清华大学计算社会科学与国家治理实验室、中国人民大学数字政府与国家治理实验室、合肥工业大学数据科学与智慧社会治理实验室、中国美术学院文创设计智造实验室、中国科技大学智能决策博弈与数字经济创新实验室等实验室，均得到了他们的大力支持，在此一并表示感谢。当然，我们最应该感谢的是浙江省社科联（浙江省社科工作办），作为浙江哲学社会科学实验室建设的主管部门，自之江实验室智能社会治理实验室创建以来他们就给予了我们极大的信任和支持，也在建设过程中对我们进行了悉心指导和帮助。我们必会感念于心，衔恩赴远。

由于时间仓促、作者水平有限，书中难免有错误和不妥之处，欢迎业界同仁们批评指正。

目录

第一章 溯源：哲学社会科学为何需要实验研究 / 1
  第一节 实证取向的哲学社会科学研究演进历程 / 2
  第二节 哲学社会科学研究范式的转变逻辑 / 25
  第三节 哲学社会科学实验室建设政策的演变 / 35

第二章 借鉴：有哪些哲学社会科学实验研究 / 43
  第一节 历史上著名的哲学社会科学实验 / 44
  第二节 国外知名哲学社会科学实验室 / 59
  第三节 数字技术推动下的前沿实验研究方向 / 87

第三章 实操：如何建设哲学社会科学实验室 / 99
  第一节 设定实验室的目标愿景 / 100
  第二节 聚焦实验研究科学问题 / 113
  第三节 设计实验研究方法路径 / 125

  第四节 实验装备平台与基础设施建设 / 140

  第五节 实验研究成果输出与应用 / 155

  第六节 人才培育与团队建设 / 170

  第七节 活动组织与对外合作 / 193

  第八节 配套制度与运行机制 / 205

第四章 展望：哲学社会科学实验室未来发展趋势 / 217

  第一节 未来哲学社会科学实验室发展的几大趋势 / 218

  第二节 哲学社会科学实验室发展需要应对的挑战 / 229

  第三节 促进中国特色哲学社会科学实验室体系的建议 / 240

参考文献 / 253

第一章

溯源：哲学社会科学为何需要
实验研究

第一节

实证取向的哲学社会科学研究演进历程

一、17—18 世纪近代哲学社会科学的发展

恩格斯在《卡尔·马克思〈政治经济学批判〉》中提出"历史从哪里开始，思想进程也应当从哪里开始"。[1]理论的逻辑起点和演化进程应当与客观历史现实的发展进程一致。从人类对各种现象开始进行思考时起，哲学就承担着发现整个世界的普遍本质和普遍规律的任务。17世纪以前，无论东方哲学还是西方哲学都囊括着对自然领域、社会领域和人类思维领域的研究，无论是传说中阿基米德在洗澡时发现浮力原理，还是墨子和他的学生们进行小孔成像实验，不同文明对于自然和社会现象零散的观察研究都不足以催生出完整系统的科学。

（一）近代科学方法论与自然科学的兴起

真正导致自然科学从哲学中分离出来，进而造成后来科学与人文分裂对立的，是17世纪以后经验主义与理性主义的流行。洛克、巴克莱、休谟等英国经验主义者与笛卡尔、斯宾诺莎、莱布尼茨等理性主义者尽管在知识的本源与知识的获取路径上认知对立，但经过长期

的演变和融合，经验主义和理性主义共同构成了现代科学的方法论基础。不同于被当代非理性主义哲学反复批判的认识论主义或唯科学主义，欧洲17—18世纪启蒙运动的哲学家们是积极乐观地投入到认识新工具和新方法的探索中去的。

英国的培根被马克思誉为"英国唯物主义和整个现代实验科学的真正始祖"。他强调科学是实验的科学，科学就在于用理性方法去整理感性材料；归纳、分析、比较、观察和实验是理性方法的主要条件。[2]而法国的笛卡尔虽然将他的哲学体系比作一棵大树，树根是形而上学，树干是物理学，树枝是各门具体科学。但在他提出的物理学范畴内，物质是唯一的实体，是存在和认识的唯一根据。他在经院哲学演绎方法的基础上，创立了理性演绎法：以数学方法为基本模式，循序渐进地推理出具有普遍必然性的知识系统。[3]这种方法和培根所提倡的实验归纳法结合起来，经过惠更斯和牛顿等人的综合运用，成为物理学特别是理论物理学的重要方法。

以古典物理学为代表的自然科学的兴起，不仅是知识体系上的成就，也为人类揭开了探索世界科学方法论的序章。布洛克指出："牛顿的运动三定律和万有引力定律的提出，不仅奠定了古典物理学的基础，而且提出了在一定条件下，同样的方法也能解释迄今尚不为人知的规律的可能性。"[4]强调观察和实验的基础性地位，强调以量化计算实施精确的观察和实验，强调以因果关系将可重复的现象抽象化，共同构成了近代科学方法论的基本体系。[5]

人们对自然世界重复发生的现象进行观察，从中剥离出具有核心影响的因果关系，并用实验的方法验证这种因果关系。归纳和演绎逻辑极大地加速了物理学、天文学、化学等自然科学领域的发现和进步。正如培根和笛卡尔等哲学家所预言和期盼的那样，自然科学在19世纪到来之前已经取得了辉煌成就，直接推动了第一次工业革命的发生和传播。

（二）启蒙运动与近代社会科学萌芽

17—18世纪，启蒙运动所倡导的科学理性和自由平等也为法国大革命和美国独立战争提供了思想基础和政治支持。同时期，欧洲资产阶级革命的兴起和蓬勃发展，催生了荷兰自然法思想、国家主权思想，英国天赋人权理论、议会主权论以及法国政体分类学说、三权分立学说等一大批政治学、法学思想。而反映早期无产阶级经济利益和政治诉求，幻想用和平方式改造资本主义，建立理想社会的空想社会主义学说也得到了发展。

但19世纪以前，大多数社会科学仍未从哲学的理论思辨中独立出来，也很少有人将科学方法论引入对社会世界的研究之中。而欧洲经济学和统计学的早期发展却提前展示出将数学方法引入社会科学研究的可行路径。"经济学鼻祖"亚当·斯密在"经济人"假说下，系统阐述了"劳动价值论"，第一次明确提出了商品的使用价值和交换价值的概念，并用工资、利润和地租划分了资本主义社会三个基本阶级，即工人阶级、资产阶级和地主阶级。大卫·李嘉图继承和发展了斯密的经济学原理，以劳动价值论贯穿其全部理论体系，完成了近代经济学体系的创建工作。

在经济学理论之外,17—18世纪的西欧各国为了适应资本主义生产力快速发展的需要,逐渐形成了涵盖人口、工业和农业的"国情调查"制度。学者们对商业、工业、农业等方面数据的统计和分析,催生出英国"政治算术学派"与德国"国势学派"等社会统计学理论。

英国"政治算术学派"的创始人威廉·配第在其代表作《政治算术》中运用大量实际统计资料,对英、法、荷兰三国的国情国力,作出系统的量化比较,分析阐明英国在当时的国际地位,提出具体发展方略。[6]另一位创始人约翰·格朗特在1662年发表了《关于死亡公报的自然和政治观察》,收集、整理了1604年以来3000多册死亡周报表,按81种死亡原因对收集到的死亡人口信息进行分析。在没有计算设备的辅助下,格朗特开创性地编制了世界上第一张具有寿命表雏形的生命表,并从中发现了诸多人口统计学规律。[7]

德国"国势学派"的先驱海尔曼·康令在17世纪末首先在德国黑尔姆施泰特大学讲授《欧洲最近国势学》,奠定了国势学的基础。阿亨瓦尔在18世纪中期在哥廷根大学开设"国势学"课程。"国势"与"统计"词意相同,直接影响了社会统计学的诞生。阿亨瓦尔的主要著作《近代欧洲各国国势学概论》,有关国力的系统知识,运用对比分析的方法,分析了欧洲各国国家组织、军队、财产等方面的实力,为当政者决策服务。[8]

"政治算术学派"与"国势学派"从富国强兵的动机出发,大量运用观察法、分类法以及对比法综合研究社会经济问题,开创了使用近代科学方法研究社会科学问题的先河,也为19世纪经典社会科学的发展奠定了方法论的基础。

二、19 世纪经典社会科学的崛起

19世纪,资本主义生产方式在欧洲先进国家已占据统治地位。英国完成了工业革命,并借助覆盖全球的贸易网络,将其生产力投射到世界的各个角落。法国尽管经历了一系列政治动荡,但新兴资产阶级也在加快先进技术在生产中的应用。德国统一之前,普鲁士的容克地主按资产阶级经营方式改造庄园经济,大量采用农业机器和化肥,不断提高劳动生产率,积极扩大资本主义经营;德国统一之后,生产要素自由流通的屏障被打破,使得资本主义快速发展,进而为第二次工业革命提供了孵化器。

这一时期,经典社会科学各学科逐步发展成型。一方面,资本主义快速提升劳动生产率的需要,直接刺激了19世纪科学技术的突飞猛进,将自然科学的研究方法应用到社会科学研究成为各方共识;另一方面,资本主义社会中新旧势力的冲突,以及社会内部固有的不可调和的矛盾已经显露,迫切需要从理论和实践上为认识社会危机、化解社会矛盾提供有效的知识体系。以马克思主义为代表的现代哲学社会科学得到了空前发展,新的研究方法与研究成果层出不穷。

(一)马克思主义哲学社会科学体系的诞生

19世纪中叶,马克思与恩格斯密切合作对德国哲学,乃至整个哲学史进行了批判性的总结。一方面,他们克服了自笛卡尔以来形而上学唯物主义的不彻底性,将唯物主义原则贯彻至包括社会历史与人类思维在内的一切领域；另一方面，他们纠正了唯心主义辩证法的反科学性，把唯物主义与辩证法有机统一起来，为全部科学提供了崭新的世界观和方法论。[9]马克思主义哲学的诞生，很大程度上标志着整个社会科学进入现代发展阶段。

马克思主义哲学的核心是唯物辩证法，其特质是关于自然界、社会历史以及人类思维的相互关系、共同本质和普遍规律的科学。马克思主义认为：物质是世界的本源，世界的统一性在于其物质性；意识是高度发展的物质产物，是人脑的机能和属性，是客观事物在人脑中的反映。唯物辩证法是对包括自然界、社会以及人类思维在内的整个世界的共同本质和共同规律的揭示，因而对于自然科学、社会科学的认知论与方法论都具有普遍的指导意义。

马克思主义理论除了在资本主义政治经济结构剖析、文化与意识形态批判、阶级和阶级冲突等领域有开创性研究外，对于社会科学的方法论也有高价值的贡献。在《自然辩证法》中，恩格斯翔实论述了18世纪后半叶至19世纪40年代，自然科学取得的巨大成就，如地质学、胚胎学、动植物生理学、有机化学等学科的出现，能力守恒与转化定律也被相继发现。辩证唯物主义自然观代替形而上学自然观已成为历史必然。马克思本人也重视自然科学研究方法的价值，他在《资本论》的序言中写道："物理学家是在自然过程表现得最确实、最少受干扰的地方观察自然过程的。"[10]

马克思主义社会科学研究也会采用归纳—演绎的研究方法对不同时代、不同地区的社会现象进行归纳概括，得出一些适用于更大范围的概念和结论，但其更重要的研究方法是分析和综合。分析的方法，是以特定社会形态为研究对象，从理论上进行分解，得出描述和理解特定社会形态内部结构、运行机制及其规律的简单和抽象程度不同的范畴；综合的方法，是将这些简单和抽象程度不同的范畴按照特定逻辑进行重新整合，生成有效完整的描述和理解特定社会形态包含的内部结构、运行机制和规律的理论体系。[11]

马克思主义社会科学研究并不机械地将追求"放之四海而皆准"的普遍规律当作研究的根本目的，而是强调支配着社会现象的某些"规律"，本身都具有历史性，是在特定的社会历史阶段起作用的规律。马克思在《资本论》中引用一位俄国评论家对他在研究社会现象的方法的叙述和评论，来说明自己对社会研究普遍规律的辩证法思考。"有人会说，经济生活的一般规律，不管是应用于现在或过去，都是一样的。马克思否认的正是这一点……根据他的意见，恰恰相反，每个历史时期都有它自己的规律……一旦生活经过了一定的发展时期，由一定阶段进入另一阶段时，它就开始受另外的规律支配。总之，经济生活呈现出的现象和生物学的其他领域的发展史颇相类似……旧经济学家不懂得经济规律的性质，他们把经济规律同物理学定律和化学定律相比拟……马克思否认人口规律在任何时候在任何地方都是一样的。相反地，他断言每个发展阶段有它自己的人口规律……生产力的发展水平不同，生产关系和支配生产关系的规律也就不同。"[12]

广泛而充分地吸收自然科学最新的研究发现与研究手段，却不囿于简单地照搬和模仿自然科学的研究方法与认知路径，正是马克思主义辩证唯物主义认知论区别于同时代实证主义研究范式的理论价值。

列宁在对同时代俄国社会学家米海洛夫斯基进行批评时就鲜明地指出这两者之间的差别。列宁在《什么是"人民之友"以及他们如何攻击社会民主党人？》一文中强调，"这个假设（以严格的科学态度对待历史问题和社会问题）之所以使科学的社会学的出现成为可能，还由于只有把社会关系归结于生产关系，把生产关系归结于生产力水平，才能有可靠的根据把社会形态的发展看作自然历史过程。不言而喻，没有这种观点，也就不会有社会科学。"[13]

（二）实证主义哲学对社会科学研究范式的影响

19世纪上半叶的欧洲经历了政治动荡和资本主义迅速发展的双重洗礼。曾经主导社会变革的启蒙思想，被激烈的政治派系斗争、残酷的国家间的战争，以及各阶级之间的矛盾激化冲击得岌岌可危。将自然科学和技术的发展，与化解传统社会思想体系危机的哲学探索结合在一起，成为一部分社会思想家的共同选择。

作为实证主义哲学的创立人，法国人奥古斯特·孔德年轻时受孟德斯鸠和孔多塞的著作的影响较大。孟德斯鸠断言政治法律现象受自然规律制约，孔多塞则表述了人类社会发展的规律，并强调社会思想、社会制度和社会关系的演变在历史进程中占据主导地位。[14]受到这些前人的影响，孔德的实证方法强调真实的科学，排斥那些既不能证实也不能推翻的问题。他认为要依靠事实，借助观察来确定事实，认为科学的任务是发现规律，即诸多现象之间经常的、重复出现的联系。

为了以实证哲学为基础，创立一门研究社会的新学科，孔德按照他所认为从简单到复杂的顺序，排列了"①数学；②天文学；③物理学；④化学；⑤生物学；⑥社会学"的学科分类发展顺序，认为人类的知识是从数学中几种最简单的现象开始的，然后从无机现象到有机现象，最后到最高级、最复杂的社会现象。[15]孔德之所以做出这种学科分类，不仅是为了证明社会学这一新兴学科诞生的必要性，也是为了对抗以低阶科学的术语来解释高阶现象的倾向，比如，数学家把力学并入微积分，物理学家把化学并入物理学，化学家将生物术语并入化学术语，生物学家将社会学视为生物学的纯然结果。社会学的使命就是要揭示社会现象背后不变的自然规律，而不是将其简化为生物学或任何其他更简单的科学主题。[16]

除了社会静力学和社会动力学，孔德的实证主义对社会科学的主要贡献还在于论证观察法、实验法、比较法和历史方法对于社会科学的适用性。孔德认为，观察是社会学中主要的研究方法，对社会事实的观察必然会把社会学提高到科学一级上，使社会学家所运用的材料具有客观的性质。实验法包括直接实验和间接实验，前者是在专门为研究目的而创造的条件影响下，对现象变化进行观察，后者是研究社会中由于社会动荡，主要是革命性的动荡产生的病态性偏差。比较法是把同时居住在各地的各族人民的生活加以对比，以确定社会存在和发展的一般规律。历史方法是将人类不同的连贯的历史状态作比较，即将一系列社会现象按照它们的发生顺序加以比较，科学地预测最终的结果。[17]尽管孔德的哲学思想极为庞杂、矛盾重重，但他坚持"观察优于想象"，坚持科学对象的客观实在性，在承认规律的客观性基础上强调知与行的统一，以及强调"客观的研究方法"。以此来看，孔德的实证主义是具有明显的自然科学唯物主义因素的。[18]

继英国人赫伯特·斯宾塞的进化论社会学之后，法国人埃米尔·迪尔凯姆在19世纪末至20世纪初，进一步发展了实证主义的研究范式，其有关社会学研究方法的论述对社会科学诸学科均产生了重要影响。根据迪尔凯姆的观点，社会学在各门社会科学中居于中心地位。社会学的任务不仅是研究各种社会事实，还需要从方法上、理论上武装其他各门社会科学。关于社会生活各个领域的研究都应当在这种方法和理论的基础上进行。[19]

在《社会分工论》《自杀论》《宗教生活的基本形式》三部著作中，迪尔凯姆都是先给研究的现象下定义，然后批驳先前的解释，最终对所研究的现象作一番社会学的解释。[20]在《社会学方法的准则》里，迪尔凯姆方法论的第一条也是最基本的规则是：要把社会事实作为物来考察。[21]这里的社会事实包含三种主要特征：一是社会事实对个人来说是外在的，具备存在于个人意识之外的具有显著特征的行为、思维和感觉方式；二是社会事实具有强制性的力量，不论个人意愿如何，它们都能凭借这种力量强加于人；三是社会事实具有普遍性，不是来自每个个体事实的简单综合，本质上是集体的。[22]迪尔凯姆同时提出了解释社会事实的准则，即当我们试图解释一种社会现象时，必须分别研究产生该现象的原因和它所具有的功能。[23]迪尔凯姆认为，要对社会现象进行充分的解释，历史分析和功能分析缺一不可。历史分析能够帮助人们理解为什么是特定事项而不是其他事项在特定的历史背景中发挥特定的作用；功能分析则会解释特定事项会给整个社会或其他组成部分的运作带来何种影响。在求证的准则方面，迪尔凯姆强调了实验方法或比较方法的重要性。他指出，"如果它们（一个现象是另一个现象的原因）能够按观察者之意人为地再现，那就采用严格意义上的实验方法。如果相反，事实的产生并非我们所能支配，我们只能比较那些自发地产生的事实时，那就应该采用间接实验方法或比较方法。"[24] 有关社会事实的研究或者求证过程应当包含三个基本步骤：假设——推测——检验。比较是连接三个步骤的中介。迪尔凯姆参考自然科学所提出的假设—检验范式，作为社会科学主流的研究范式统治了大半个世纪，直到20世纪70年代才出现危机的征兆。[25]

三、20世纪现代化与后现代理论的争鸣

20世纪既是一个充满梦想和雄心的世纪，也是一个空前惨烈的世纪。人类社会在这一百年中所取得的成就超过之前各个世纪的总和。高举"科学与进步"大旗迈入20世纪大门的人类，是无论如何都无法预想20世纪将会经历两次世界大战、大屠杀、核战争阴影等重大而影响深远的历史事件。20世纪本身就像是一个巨大的实验场，让人类各种政治经济理论和社会学说都毫无保留地进行了试验，接受了时代洪流的翻滚涤荡。

20世纪社会科学理论也经历了曲折发展的过程。首先，以实证或经验研究为基础的社会科学研究重心从欧洲转移到了美国。欧洲学界对于古典哲学和人文知识的推崇，使得经验研究难以获得较高评价；

两次世界大战造成了欧洲文明本身的危机,让对于理性过于自信和乐观的实证主义理论传统难以在被现代性折磨得体无完肤的欧洲存续下去。美国主要受到实用主义的影响,对运用科学改造社会保持着自信和乐观的态度。20世纪30年代以后,以帕森斯为代表的结构功能主义理论继承了欧洲经典社会科学的遗产,并进一步进行了理论综合。[26]

其次,实证主义社会科学在20世纪70年代以后,随着帕森斯结构功能主义统治地位的旁落,受到了解释学、现象学、后现代主义等非实证主义社会科学思潮的冲击。孕育于欧洲大陆的批判理论和解释学对以美国为中心的实证主义社会理论提出了挑战和质疑,将早已存在的自然科学取向与人文主义取向之间的分裂与对立,放大为实证主义社会科学理论与方法的异化和危机。[27]

(一)结构功能主义建立行为科学统一理论的尝试

马克思主义与实证主义社会理论均认同自然界和人类社会之间存在基本的一致性,应该学习运用自然科学的方法,使社会科学研究也发展为更加精准的科学。但实证主义在科学统一观的基础上,进一步强调价值中立的原则,认为应客观地、不带价值判断地揭示社会行为和社会现象的内在规律。[28]这里就出现了一个关键问题,即社会科学的客观性与意识形态的关系问题。马克思主义社会理论根本上是站在无产阶级立场的学说,具有鲜明的革命意识形态特点。与之相较,自诩为"价值中立"的实证主义社会理论就相对保守了。尤其在20世纪50—60年代,美国将现代化理论用作吸纳掳获前殖民地国家进入美国主导的霸权秩序体系的工具。受到塔尔科特·帕森斯结构功能主义影响较大的现代化理论自然也带有冷战意识形态特点。[29]这同样能解释，为什么在20世纪70年代以前的几十年间，强调社会整合与稳定的结构功能主义，一直是无法被挑战的社会科学思想主流。

帕森斯的结构功能理论的第一个阶段，是基于马克斯·韦伯"社会行动"的概念，探讨社会价值和规范对于人类行为的指导和调节作用。到了第二个阶段，帕森斯转向对更为宏观社会的结构和功能的强调。也就是在这一时期，帕森斯形成了分析社会体系的五组二分的模式变项，即情感性/非情感性、特殊性/普遍性、先赋性/自致性、集体取向/个人取向、扩散性/专一性。这些"行为模式变项"后来成为现代化理论中"两极化"区分前现代和现代社会的特征。[30]

在第三个阶段，帕森斯将由生物学家路德维希·冯·贝塔朗菲（L. von Bertalanffy）创立的一般体系理论引入社会科学，建立了包含经济学、政治科学、生物学、人类学以及心理学等行为科学在内通用的理论范式。帕森斯认为社会类似于一个有生命的有机体，其体系存在于环境之中，并对环境发生反应，而有生命的体系也会维持特定组织模式并发挥特定功能。社会系统为了维系其存续，需具备4种功能：①适应（A），即保障系统能够获取所需资源，并在系统内进行分配；②目标达成（G），即制定系统的目标，并确立各种目标的主次关系，调动资源，引导成员实现目标；③整合（I），即调节系统的各个部分，使之成为发挥作用的整体；④潜在模式维持（L），即应用秩序和规范处理体系中行动者内部和行动者之间的关系紧张问题。[31]

帕森斯宏大的社会体系理论有两方面的鲜明作用：一是能够将社

会科学中涉及行为的研究都纳入他的分析框架之中。经济系统、政治系统、社会共同体系统和文化系统分别对应适应、目标达成、整合与潜在模式维持这四种功能。这为理解作为开放体系的社会是如何运作的提供了理论框架。二是能够将社会变迁引入传统的静态的结构功能分析。帕森斯把控制论和进化思维纳入结构变迁过程的分析中，总结了分化、适应性提高、容纳、价值普遍化等四种过程，为解决系统中稳定和变迁的问题进行了理论准备。[32]

帕森斯的理论毫无疑问是属于实证取向的社会科学，处于其理论中心地位的并不是个体的人，而是一种体系。社会是独立存在的，而不是由社会互动中的个人形成的简单群体。但对一部分实证研究者来说，帕森斯的理论体系过于宏大，以致难以对其进行操作和实施经验研究。

除了社会理论中早已存在的实证取向、人文取向与批判取向的思想流派冲突，导致20世纪70年代以后结构功能主义所编织的统一理论范式瓦解的原因，还来源于美国自身的社会形态发生的巨大改变。帕森斯所构想的良性社会的原型是20世纪50年代的美国社会。第二次世界大战后的美国受到战时福利制度和经济快速恢复的影响，早期工业社会的各种冲突得到缓和，一个广泛的社会共同体把过去因宗教、种族和社会阶级而分裂的社会群体整合了起来，形成了良性运行的社会模式。[33]20世纪70年代，民权运动、嬉皮士运动、反战运动让潜藏的社会矛盾爆发了出来，超过了社会体系控制和整合的能力。在风起云涌的理论争议中，帕森斯的大一统理论被拉下了"神坛"。

（二）后现代理论与社会科学的"自然主义"转向

自20世纪60年代起，后现代主义者们举起尼采"重新估价一切"的旗帜，从文学艺术中汲取思想灵感，向现代社会科学的知识基础发起冲击。[34]但后现代理论本身并非一个思想内涵统一的理论，而是从后现代的角度反思现代性，尤其是反思社会现代化过程的多种思想理论的集合体。[35]部分持有怀疑论的后现代主义者号召人们"明确地告别"现代理性，不仅是因为现代理性假定了普遍主义的观点，还因为理性被理解为专制、强迫和集权主义的东西，并且与后现代所崇尚的情绪、感觉、反省和直觉、幻想和沉思相冲突。[36]对于理性的否定使得怀疑论的后现代主义几乎无法产出任何社会科学知识。但一些肯定论的后现代主义者认为他们对于现代社会科学的批判，以及他们试图积极建构的后现代方案的社会科学，都是符合理性也是符合逻辑的。[37]总体来看，后现代社会科学并没有解决结构功能主义、实证主义、系统分析或其他重大传统范式的问题，也没有提供任何关于社会理论的科学知识。[38]

同时期，威拉德·蒯因（Willard Quine）的自然化认知论思想，以及库恩的科学范式理论，导致科学哲学发生了"自然主义转向"，也推动社会科学哲学呈现出新的理论特征与发展趋势。[39]

首先，逻辑实证主义者以及与他们相联系的哲学家如波普尔都相信科学认知是按照一种特有的规范即科学方法进行的，正是某种像研究的逻辑那样的东西奠定了经验科学的基础。[40]他们认为科学认知的逻辑方法对于各门科学以及一切时代的科学都是普遍有效的，是构成人类认识的唯一正确方法。但蒯因的自然化认知论主张，对科学认知的研究不只与科学研究的逻辑有关，还包括对人类的观察和推理过程所进行的经验研究。自然化认知论并非要取代或者摒弃逻辑实证主义的认知论，而是强调认知过程是人通过感受器来与外部世界形成接触的，因此"科学的一切证据都是感觉证据"。同时，认知论与自然科学是双向包含的：认知论试图理解整个科学的一般动力学和结构，而自然科学的本体论也是从认知论研究中投射而来的。[41]

其次，库恩反对逻辑实证主义者将科学哲学视为纯粹的概念活动，力图从"历史史料本身展现出来的科学"来揭示"真实的科学状况"，提出了以"范式"为核心构成科学认识的动力学模型。其中一个重要的事实就是，常规科学的发展如同逻辑实证主义所认为的那样是向上的、累积的、逐渐丰富的，但在科学革命期间却是断裂的、跳跃的。新范式能取代旧范式，就必须能解决一些用其他方式难以解决的著名的和广为人知的问题，同时能保留大部分科学通过旧范式所获取的具体解题能力。[42]

蒯因和库恩对科学认知论的贡献，促成科学哲学研究在20世纪60年代以后表现出广泛的"自然主义转向"，即"从传统哲学的先验方法到自然科学相连续的哲学观念的转向"。[43]科学哲学的"自然主义转向"也对社会科学研究，尤其是社会科学的实验研究产生了深远影响。一方面，心理学的发展为研究认知结构和心理过程提供了实验研究条件。20世纪60年代以后，认知行为心理学实验方法日趋成熟，特别是神经科学先进设备的使用，加速了对人类认知过程中注意力、决策与执行、学习与记忆等领域的科学研究，使得科学发现中的复杂认

知机制也能成为可被分析和验证的研究对象。另一方面，20世纪70年代以后，伴随着"自然主义转向"思维观念的传播，部分社会科学研究领域开始将社会事件的科学研究纳入研究方法。例如，实验经济学在经历了最初的发展之后，逐渐对公共产品供给、谈判行为、竞争均衡等场景下市场组织和个体的选择行为开展了大量富有创新的研究。[44]对于社会科学而言，修正传统逻辑实证主义倡导的先验论证的分析模式，以整体思维去考察对经验材料分析和理论假设产生的过程，正是给以社会科学实验研究为代表的实证取向的社会科学研究提供了更坚实的认识论基础。

四、21世纪数字技术革命的机遇与挑战

迈入21世纪，当人类社会还在消化和利用由互联网带来的生产方式与生活方式创新成果的时候，数字技术的迅猛发展已经带来了新的变化。人工智能、新能源、量子通信、虚拟现实等技术的发展，被认为是足以支撑起"第四次工业革命"的划时代科技进步。然而，在日趋全球化的世界里，不仅存在传统的国家和地区发展不平衡现象，资源分配极度不均衡的治理问题也未能得到解决，而且由温室效应导致的全球环境变化，以及资本全球化导致的全球性经济危机和政治危机，进一步加剧和扩大了全球治理问题的复杂程度与影响范围。回顾21世纪以来二十余年哲学社会科学的进展，积极引进数字技术进步的最新成果，创新哲学社会科学研究方法手段，聚焦解决数字技术发展

带来的治理挑战,成为这一阶段最重要的研究主题。

(一)计算社会科学的范式转变与交叉创新

不同于以往借助社会调查抽样数据或者实验室采集小样本行为数据进行描述和经典回归分析的定量研究,计算社会科学更强调依托各种大数据,采用智能算法模型,交叉融合各学科理论,开展描述、解释和预测等研究。

在2006年,著名学者、图灵奖得主吉姆·格雷(Jim Gray)发表了题为《第四范式:数据密集型科学发现》的演讲,提出随着各类数据的高速增长,计算机技术将助力对海量数据的分析总结。紧接着,托尼·海(Tony Hey)等人在2009年出版的《第四范式》一书中系统论述了数据驱动型科学研究的发展动态,揭示了海量数据和泛在网络将与实验科学、理论推演和计算机仿真等三种科研范式相互促进,推动数据密集型科学的发展。[45]在同一阶段,社会科学诸学科内也相继涌现出计算人口学、计算社会学、计算政治学、计算法学、计算经济学等分支方向。

2009年,大卫·拉泽尔(David Lazer)等15位学者在《科学》杂志上发表了题为《计算社会科学》的文章,正式提出了《计算社会科学》一词。文章指出,计算社会科学像杠杆一样,正在以前所未有的方式,不断拓展我们收集和分析数据的宽度、深度和广度。[46]2012年,孔特等14位欧美学者在《欧洲物理学刊(专刊)》(第1期)发表了《计算社会科学宣言》一文,从机遇、技术发展、方法创新、面临

挑战和预期影响等五个方面全景式阐述了计算社会科学发展现状及其未来前景。在学术影响方面，该宣言预测，通过与自然科学方法相互合作，社会科学将会经历巨大的范式转变；将计算方法与合适的实验手段相结合，社会科学将会更好地将理论与经验事实和研究联系起来；用于分析大数据的工具和方法将会超越社会科学领域，促成跨学科、非分割的复杂系统研究方法的诞生。在社会影响方面，该宣言预测，计算社会科学的发展将使在全球范围内对社会过程进行模拟成为可能。模拟的结果将用于支持政策制定者的决策，也将用于支持个人根据自身需求和目标评估不同的政策选择，从而促进建立更安全、更可持续和更公平的全球社会。[47]

2014年，克劳迪奥乔菲－雷维利亚（C. Cioffi－Revilla）出版了《计算社会科学：原则与应用》一书。他将计算科学定义为通过计算媒介，对小到个体行为、大到整个群体的不同尺度的社会世界进行的跨学科研究。书中主要介绍了自动信息提取、社交网络分析、复杂系统建模、社会仿真模型等研究方法在计算社会科学中的应用，也提到例如地理空间方法、可视化分析和其他对理解社会复杂性有价值的计算方法也可能成为计算社会科学的研究工具。[48]然而，计算社会科学本身仍存在许多悬而未决的理论和实践问题。其中最为核心的大数据的获取、处理和计算分析仍面临着基础性方法论的挑战。2021年拉泽尔等学者在《自然》杂志上发表论文，提出应用从迁移到信息消费、人际交往等涉及人类行为的记录数据时，必须对其进行积极的审视，因为这些数据源建立时并没有考虑到科学研究的需要。他认为人们应该探索建立与新旧社会理论相匹配的人类行为数据的度量工具，并且开发一种新的研究伦理模式，平衡数据度量与开发中的个人权利和集体利益。[49]

政治学、社会学、传播学、法学等社会科学各学科领域内计算研究方法的快速发展也表明，计算社会科学的研究范式正在从聚焦数据驱动，转变为理论驱动与数据驱动相融合。社会科学各学科的既有理论为从大数据中理解潜在的因果关系提供了理论支撑，而人工智能因果分析机制也为验证这些假设提供了更加科学先进的计算支撑。理论与计算的共同发力，让具有可解释性的各类数据挖掘、仿真模拟和复杂系统方法在各自研究领域中进一步繁荣壮大。而数字经济、数字政府和数字社会等数字时代的新生研究对象，不仅呼唤着计算科学与社会科学的交叉合作，也要求社会科学内的各个学科，打破原有藩篱，以实际问题为导向，对数字时代社会构造机理、社会经济运行机制、社会经济演化规律和国家治理模式进行系统性研究。[50]

（二）当前社会科学所需回答的时代之问

正如经典社会科学理论诞生于第一次工业革命与第二次工业革命交替发挥社会影响的19世纪，21世纪正在发生的数字技术革命也迫切要求社会科学重新找回原有的实证研究传统，面向实际问题，聚焦数字技术革命复杂多维的影响，进行新一轮的方法和理论创新。基于当前的研究进展，以下几方面问题将有可能成为数字技术革命过程中社会科学研究的"元问题"。

1. "人机物"三元关系中人的主体地位问题

按照赫伯特·西蒙的理论，人类文明发展的历史，就是自然系统、人类系统和人造物系统不断相互适应的过程。人类通过创造有形的人造物（如工程和工具），以及无形的人造物（如组织和科层体制），来改造自然世界。但与此同时，人类社会自身也被各种人造物系统所重新塑造。[51]在信息通信技术和人工智能技术快速发展的背景下，人对创造行为的主体性是否会受到自动化机器或通用人工智能的影响；人对认知行为的主体性是否会受到"信息茧房"和"深度伪造"的误导；人对社会行为的主体性是否会受到算法评价和智能社会控制的操纵。智能的人造物是否会被少部分群体所掌控，导致少部分群体对大部分群体实施剥削和压迫？人与机器的互动是否会替代人与人的社会互动，导致社会的疏离和解体？回答这些问题，既需要社会科学从制度规范的角度出发，分析数字技术应用对社会关系的实际影响，研究有效保障各个群体权益的政策手段，也需要加强数字技术与社会科学的深入合作，以技术发展为根本动力，推动建立协调矛盾冲突、有效赋能各个人群的基础架构。

2. 人造社会与现实世界的虚实映射问题

无论是模拟仿真还是多主体建模技术的发展，均在导向结合动力学模型和真实微观数据，搭建与真实社会相平行的虚拟社会（人造社会）的研究方式。然而当前所使用的利用历史数据拟合仿真系统参数，应用强化学习迭代智能体行动策略的研究策略，并不足以支持在高度复杂的经济社会系统中进行趋势预测和仿真干预。一方面，动态真实的高价值微观数据的缺乏，造成研究者不得不在较宏观维度进行

"似是而非"的动态过程模拟；另一方面，不同情境下人类复杂认知行为的实证依据的缺乏，导致仿真模型中智能体的行为更接近给定规则条件下不断迭代的"人工智能"，而非"人类智能"。总体来说，对过度简化和纯化的人工社会还不足以替代对现实社会复杂性因果关系和发展趋势的研究，但在某些具有清晰社会规则的领域能够产出具有启发意义的研究成果。

3. 数字伦理与算法公平性问题

计算社会科学发展高度依赖数据驱动。越来越多由各类感知设备所产生，而非由人类来填报的，反映人类行为和社会运行的数据，成为计算的"原料"。包括语言、位置和运动、网络、图像和视频，以及应用程序自动采集的各种变量数据，极大丰富了计算社会科学的经验资料，也催生出物联网、云计算、增强/虚拟现实等新的商业模式和新兴产业。近年来，美国、中国和欧盟均将数据作为新型战略资源，进行保护和开发利用。然而出于复杂的利益机制，无论是政府的公共数据，还是私营企业的市场数据，都没有为计算社会科学的大数据研究开辟可持续的"开放通道"。由于隐私和知识产权的问题，原始数据往往无法被获得和使用，阻碍了结果的可复现性。而从这些数据中计算得出的研究结论，也不可避免地受到内部效度和外部效度的质疑。[52]计算社会科学需要打开数据驱动算法的黑箱，更加准确和公平地认识算法中可能存在的偏见，以及社会的结构性不平等在算法生成过程中的影响机制。如何度量智能算法中的偏见，是计算社会科学必须解决的问题之一。

4. 全球危机管理与科技治理问题

当今世界正经历百年未有之大变局，新一轮科技革命和产业变革正在重塑世界，国际格局和国际体系正在发生深刻变化，全球治理体系正在发生深刻变革。[53]计算社会科学需要围绕全球性自然灾害危机、公共卫生危机、公共安全危机、金融危机、能源危机、恐怖主义和气候变化等议题，提取影响因素，构建复杂模型，归纳危机的形成机理与演化规律，为制定危机管理策略提供借鉴。[54]面对全球性的危机，学者们也迫切需要开发运用数字化、智能化的治理工具，更好地促进政府与公众的信息沟通，保障各种利益群体公平表达意见的渠道，形成协同共治的基础。中国社会科学界应当站在发展中国家和广大人民群众的立场，与自然科学界一起深度参与全球科技创新治理，主动发起全球性创新议题，塑造科技向善理念，更好增进人类福祉[55]；围绕未来发展、粮食安全、能源安全、人类健康、气候变化等全球性问题，开展社会科学与自然科学的协同攻关，增强我国在科技治理和议题设置中的话语权和影响力，在不断提升自主创新能力的同时为构建人类命运共同体做出贡献。

第二节

哲学社会科学研究范式的转变逻辑

一、哲学社会科学研究范式的演进

（一）范式概念的提出

范式（paradigm）最早由科学哲学家托马斯·库恩（Thomas Kuhn）在《科学革命的结构》一书中引入并阐释。它是指在某一时期内被科学共同体认可的统摄型理论框架、方法论和实验技术。[56]狭义的科学范式概念规定了科学研究的基本理论和基本研究方法，广义的科学范式概念还包括研究目标、研究流程、研究设施和评价标准等要素。

科学范式并非一成不变。在托马斯·库恩看来，科学发展具有不连续性和变革性，都要经过一个相同的循环往复历程：前科学—常规科学—危机—革命—新的常规科学—新的危机—新的革命。科学在发展过程中，大部分时间都处于常规状态，科学家们会根据已有的范式进行研究，积累知识。然而，随着时间的推移，无法被现有范式解释的问题可能会出现，从而导致科学危机的出现。科学危机变得严重时，可能会引发科学革命。科学革命不是渐进的，而是突变的，它会

挑战原有的科学观念。科学革命会导致范式的转换。新的范式可能与旧的范式是完全不同的理论框架，它能够更好地解释新的问题和现象。范式转换并不是一种逐步发展的过程，而是突发的、不可预测的。新的范式的确立需要在科学界获得广泛认可的基础上。这通常涉及科学家们之间的辩论、争论和新证据的出现。只有当足够多的科学家认同新范式，它才会被普遍接受。一旦新范式被确立，科学界将进入一个新的常规科学阶段。在这个阶段，科学家们会根据新的范式进行研究，积累新的知识，解决新的问题。[57]

（二）科学研究范式的演进

图灵奖获得者、关系型数据库之父吉姆·格雷（Jim Gray）2007年1月11日在美国加利福尼亚州山景城召开的NRC-CSTB大会上发表了题为《科学方法的革命》的报告，提出了人类科学研究经历的四种基本范式：经验观察、理论建构、仿真模拟、数据密集型的科学发现。[58]2009年微软出版的《第四范式：数据密集型科学的发现》一书，进一步扩展了"第四范式"的思想，强调了在科学研究和技术应用中更广泛地利用数据的重要性。[59]近年来，人工智能驱动的科学研究正在加速涌现，强调利用AI学习科学原理、创造科学模型来解决实际问题，可能会成为科学研究的新范式。[60]

关于哲学社会科学的研究范式划分并没有统一的标准。哲学社会科学与托马斯·库恩（Thomas Kuhn）所描述的自然科学革命不同，因为哲学社会科学从来就没有出现过科学革命。正如马修·萨尔加尼克所说，新的研究范式未必会取代传统社会科学的研究范式。他认为应当"将现成品与定制物结合起来"。[61]国内有学者依据托马斯·库恩的科学革命理论阐述了社会科学发展的范式。米加宁等提出了社会科学的四个基本范式：定性研究、定量研究、仿真研究、大数据驱动的研究。[62]张小劲等认为社会科学的范式发展经历了宏大理论时期、行为主义时期、后行为主义时期和计算社会科学时期。[63]梁玉成等将社会科学研究划分为三种范式：观察、实验和社会模拟。[64]2009年以来，大卫·拉泽尔、孔特、克劳迪奥·乔菲－雷维利亚等通过将社会调查与信息处理方法与高级计算媒介（数学、计算机模拟模型）、复杂性科学相结合，对社会现象进行时间、空间、组织等多种尺度的研究，为社会科学研究开辟了新的路径，即计算社会科学。[65]国内学者如孟小峰、王飞跃、邱泽奇、罗教讲、罗家德、梁玉成、陈云松、孟天广等也围绕计算社会科学、计算社会学或者计算实验的应用、价值以及本土化实现路径展开过广泛的讨论。

二、哲学社会科学研究的四种范式

（一）经验观察型的规律总结（第一范式）

科学研究的第一范式一般是指"经验科学范式"或"实验科学范式"。经验科学偏重基于经验的观察，天才科学家凭着自己的体验总结一些自然规律，并把规律推广到其他领域。实验科学是先观察，再

进而假设，然后根据假设进行实验。若实验结果不满足假设，就对假设进行修正，再次进行实验，直到形成可以解释实验结果的理论。比如天文学家开普勒曾经通过观察和数据分析总结出行星运动的一些基本规律，认为行星围绕太阳运动的轨道是一个椭圆，在椭圆轨道中，太阳位于椭圆的一个焦点上。

米加宁等依据社会科学的特点，将第一范式称为定性研究，并将其历史划分为两个阶段。17世纪以前人们不区分自然科学与社会科学，更倾向于将所有知识纳入一个整体的理论体系，即"自然哲学"。这个阶段，人们对于自然和社会现象的解释常常基于一种综合性的方法，将观察、哲学、宗教和神秘主义等因素结合在一起。自20世纪初以来，定性研究运用逻辑演绎、实地观察、事实记录、归纳比较等研究方法，构建了一套独特的概念体系、具体方法和理论框架。马林诺夫斯基（Malinowski）提出了田野调查方法，鼓励研究者置身于研究对象所处的环境，深入观察和参与，从而获得真实和深刻的理解。[66]施特劳斯和格拉泽共同创立了"扎根理论"方法，强调从数据中生成理论，通过对数据的逐步比较和分析，逐渐形成与实际情境相符的理论框架。[67]芝加哥学派社会学者将个案研究作为重要工具，强调通过深入研究一个或少数几个个案，从而获得对特定现象的深刻理解。瑾·克兰迪宁（D. Jean Clandinin）和迈克尔·康纳利（Michael Connelly）提出叙事探究方法，将个体的叙述和故事视为研究对象，通过收集、分析和解释这些故事，深入了解个体的经历、情感、价值观以及其与社会现象之间的联系。[68]

（二）抽象归纳型的理论建构（第二范式）

科学研究的第二范式一般是指"理论科学范式"或者"数学方法范式"。科学家们运用常微分方程和偏微分方程等数学工具对经验进行描述和推演（比如用于描述经典力学的基本规律的牛顿运动方程、用来描述电场磁场关系的麦克斯韦方程等），以及开始明确定义（比如速度、质量、化学元素等的概念）。

社会科学试图通过模仿自然科学的方法和语言，用自然规律解释人类社会。孔德最早提出了社会物理学的概念，主张运用物理学的方法和手段来研究人类社会现象。[69]埃米尔·迪尔凯姆（Émile Durkheim）提出了"社会事实"研究的概念。他在《自杀论》一书中呈现了一个"正确性和精确性特征的经验性实证科学"范例。[70]此后，概率论和数理统计被引入社会科学研究。计量经济学克服了以往经济学主要从事定性研究的限制，以数学方法和数理统计学为理论基础，以定量分析的方式探索经济问题。行为主义心理学主张在社会科学中应注重行为与环境之间的互动，开始倡导采用自然科学中常见的实验法和观察法。政治学强调将研究的焦点集中于实际存在且可观察的政治行为，强调政治数据的收集和整理，并要求在保持价值中立的同时，充分利用统计学、计算机模拟等方法来开展研究。社会学、教育学、传播学、管理学等社会科学主流学科均受到了影响，定量方法迅速在社会科学研究中占据了主导地位。

（三）数理演绎型的仿真模拟（第三范式）

科学研究的第三范式一般是指"计算科学范式"或者"科学计算范式"。[71]同前两个范式不同，计算科学中诞生了一种崭新的技术工具：计算模型与系统模拟。人们可以在计算机内部建立一个与真实世界相对应的"人工世界"，创建一个与实际系统相对应的"平行系统"。学者通过在这个"人工世界"和"平行系统"中进行试验性研究，可以对复杂的现实系统进行探索和研究。[72]比如利用计算机的计算能力、基于大规模并行的计算机体系结构，通过设计算法并编制程序来模拟大气环流、核反应、病毒感染等过程。

计算机仿真技术很快被引入社会科学领域，以人类社会为仿真对象的社会模拟出现了。社会模拟是一种生成性的社会科学研究范式，研究由相互影响的、自适应的行动者所组成的系统。这些行动者在物理空间或社会结构中占据位置，接收社会环境输入的信息，基于信息与规则展开互动，自下而上涌现出系统层面的结果。这种范式与传统社会研究中通常所见的观察范式有很大不同。[73]奈杰尔·吉尔伯特等将社会模拟研究分为三种类型：微观模拟、系统动力学模拟、基于主体的建模与仿真。[74]随着约翰·霍兰德（John Holland）提出复杂适应性系统（CAS）理论，基于主体的建模思想因其具有微观宏观一体化特征正在迅速兴起并被广泛应用，成为社会科学计算实验的有力工具。但计算机仿真模拟得出的结果略显苍白，因果推论上存在较大局限，远离主流社会学的方法，因此总是不被社会学家们所欣赏。[75]

（四）数据密集型的知识发现（第四范式）

微软全球资深副总裁托尼·海（Tony Hey）在《第四范式：数据密集型科学的发现》一书中将科学研究的第四范式总结为：将科学研究对象的范围拓展至各种终端设备实时采集的海量数据，再利用计算机进行集中管理和统计分析，进而挖掘事物内部的相关关系的科学研究方法。在这个过程中机器学习扮演非常重要的角色，人们运用这些工具从海量的实验数据里面发现规律，比如大型强子对撞机每秒会产生64T的射流数据，而人们使用机器学习方法可以从这些射流数据里面成功地发现一些新的粒子，如被称为"上帝粒子"的希格斯玻色子。

随后，社会科学领域开始借鉴这一思想，提出了大数据驱动的研究范式。这种范式不再以理论或模型为先导，而是通过设计特定的算法，让计算机从大规模数据中识别关键变量，揭示这些变量之间的关联关系，从而总结出关于人类行为和社会运行的模式。米加宁等认为，基于大数据的社会科学研究有助于解决过去在社会科学研究中使用通用理论和简单数量关系来解释复杂的社会现象、从小数据和小样本推断复杂的社会因果关系以及用有限数据来模拟宏观现象等难题。刘涛雄等认为大数据正在推动社会科学研究范式在三个层面发生变革：在研究路径上，大数据的"数据驱动"模式与传统社会科学的"理论假设驱动"模式相结合，形成了全新的研究方式；在研究手段方面，大数据及相关技术将成为强大的因果关系发现工具；在功能上，预测问题和因果问题将同等受到重视，并在相关研究，尤其是政策研究中得到有机的统一。[76]陈云松等认为大数据为社会科学的跨层

次复制检验研究开辟了全新的领域。[77]

三、第五范式的出现：人工智能驱动的科学研究

正如托马斯·库恩所说，科学革命不是累积性的，当旧范式被破坏或抛弃，它就需要让位于新范式。当旧的范式理论已无法调整和修补，它将被新发明的理论代替。人工智能驱动的科学研究作为科学革命的最新产物，正在成为认识世界、进行科学研究的新动力。自监督学习、几何深度学习和生成式人工智能等方法能够加速研究，帮助科学家生成假设、设计实验、收集和解释大型数据集，并获得仅使用传统科学方法可能无法实现的见解。[78]鄂维南认为人工智能驱动的科学研究具有强大交叉新科学范式的发展方向，平台科研将成为全新的科研范式，科学研究将从"小农作坊"模式转变到"安卓"模式，即由整个科学家群体共同努力构建基础模型、基础算法和工具。[79]王坚认为随着大数据资源的不断增长，需要求解的科学问题日益复杂，引发了人们对于科学研究"第五范式"的探索，即在数据范式的基础上，引入智能技术，强调人的决策机制与数据分析的融合，将数据科学和计算智能有效结合起来。[80]目前人工智能驱动的科学研究在多个科学领域取得了进展，比如DeepMind开发的AlphaFold2，利用深度学习对蛋白质折叠结构进行预测，成功地解决了困扰生物学界50多年的难题；美国和加拿大科学家利用AI算法筛选数千种抗菌分子发现了一种全新抗生素"Abaucin"，这种抗生素能够对抗世界卫生组织认为是对

住院患者最危险的抗生素耐药细菌之一的致病菌。

　　就哲学社会科学研究而言，大数据与人工智能将带给我们什么？哲学社会科学所面临的社会现象复杂、数据采集和分析困难、研究结果很难复现、与数学联系不紧密，使得哲学社会科学研究相对于生命科学、物理、化学等学科发展较为缓慢。这种社会现象很难被理解。大数据、人工智能、互联网、元宇宙等的涌现为哲学社会科学更加接近"硬科学"带来了希望。早在1994年，Schuler就提出了社会计算的概念。[81]2009年加里·金（Gary King）预言，随着大数据的出现和应用，整个社会科学研究的实证基础将发生显著变化，大数据会加速定性与定量研究之间更深层次的融合。[82]2009年以大卫·拉泽尔为首的15位学者联合署名在《科学》杂志上发表了文章《计算社会科学》，第一次正式提出了计算社会科学的概念，即对复杂的、通常是大规模人类行为（有时是仿真的）数据计算方法的开发和应用，分析对象包括语言、位置和运动、网络、图像和视频。[83]随后克劳迪奥·乔菲－雷维利亚延展了拉泽尔等提出的概念，他们根据适用环境的不同，将计算社会科学的方法分为自动信息提取（数据抓取、文本挖掘与内容分析）、社会网络分析、空间地理分析、复杂系统建模以及社会仿真模拟。[84]2012年R.Conte等在《欧洲物理学刊（专刊）》发表了《计算社会科学宣言》。他们提出，当前社会科学正面临着一个重大的范式转变。通过将计算方法与实验方法相结合，社会科学有望更紧密地联系起理论构建、经验事实和研究成果，从而实现更为深入和全面的认知。[85]国内许多学者针对计算社会科学展开过广泛的讨论。苏毓淞认为计算社会科学冲击社会科学研究带来的范式转换可以被视为上帝之手（大数据研究）与研究者视角（传统研究）的再次竞合。罗俊认为计算社会科学已经形成了社会数据计算、社会模拟、互联网社会科学实验三种新的研究方法。[86]王飞跃等学者发展了计算实验方法的基本思想、概念和方法，为其快速发展与跨学科应用提供支撑。[87]孟小峰提出与已有基于自然科学的四种科学研究范式不同，计算社会科学领域将有可能在"技术推动社会发展，社会丰富技术内涵"的相辅相成机制中，形成根植于社会科学的第五科学研究范式。[88]然而，关于这一新兴交叉学科的研究理论和方法探讨还处于初始阶段。数据不易获得和共享、数据隐私及伦理问题、人才的跨学科背景的短缺、基础设施的匮乏、研究范式的固化以及理论构建操作困难等多方面的问题，都在阻碍着计算社会科学的发展。[89]

第三节

哲学社会科学实验室建设政策的演变

一、国家层面的政策演变情况

国家层面对于哲学社会科学实验室的建设经历了长时间的探索。从时间上来看，国家层面的政策演变大致可以划分为三个阶段。

（一）第一阶段（1999—2011年），以人文社会科学重点研究基地、国家级实验教学示范中心为建设重点

早在1999年12月，教育部批准的首批15家人文社会科学重点研究基地，成为国内哲学社会科学实验室建设的开端。2003年2月，教育部启动实施"高等学校哲学社会科学繁荣计划"，提出要大力发展哲学社会科学，推动学科之间尤其是文理学科的交叉渗透，推动跨学校、跨地区、跨系统的联合，发挥集成优势，形成重大创新成果。2004年1月，中共中央发布《关于进一步繁荣发展哲学社会科学的意见》，提出必须进一步提高对哲学社会科学重要性的认识，大力繁荣发展哲学社会科学。2004年3月，教育部发布《2003—2007年教育振兴行动计划》，其战略重点之一是"重点推进高水平大学和重点学科

建设"，其中包括实施"高等学校哲学社会科学繁荣计划"，首次明确提出要"重点建设一批哲学社会科学实验室"。2009年11月，教育部、财政部批准建立国家级实验教学示范中心，其中11所高校获批建设文科综合类国家级实验教学示范中心。2011年12月，教育部举办全国高校文科实验室建设与管理创新研讨会，重点讨论了文科实验室的建设和评估工作。

（二）第二阶段（2012—2017年），围绕中国特色哲学社会科学建设的探索

2016年5月17日，习近平总书记主持召开哲学社会科学工作座谈会并发表重要讲话，提出了加快构建中国特色哲学社会科学的战略任务，科学回答了事关我国哲学社会科学长远发展的一系列根本性问题，为新时代哲学社会科学繁荣发展指明了前进方向、提供了根本遵循。我国哲学社会科学发展也由此揭开了崭新的篇章。2017年5月，中共中央印发《关于加快构建中国特色哲学社会科学的意见》，对加快构建中国特色哲学社会科学做出战略部署。2017年11月，教育部成立哲学社会科学工作领导小组，统一指导和协调推进全国高校哲学社会科学工作。

（三）第三阶段（2018年至今），新文科背景下的哲学社会科学实验室建设

2018年1月，中央决定成立全国哲学社会科学工作领导小组，下

设全国哲学社会科学工作办公室，统一指导和协调哲学社会科学工作。2018年8月，中共中央发文指出，"要推动高质量发展，进一步提升教育服务能力和贡献水平，发展新工科、新医科、新农科、新文科"。"新文科"的概念被正式提出。2019年5月，教育部、科技部等13个部门正式联合启动"六卓越一拔尖"计划2.0，提出新文科建设要促进文科教育的融合化、时代化、中国化和国际化，引领人文社科新发展。2020年3月，《教育部社会科学司2020年工作要点》提出，要"重点支持建设一批文科实验室，促进研究方法创新和学科交叉融合，引领学术发展"，这在国家层面为建设人文学科实验室提供了政策指引。2020年11月，全国新文科建设工作会议在山东威海召开，会议发布《新文科建设宣言》，描绘了新文科建设的"施工图"，对新文科建设作出了全面部署。至此，新文科背景下的哲学社会科学实验室建设逐渐步入发展快车道。2020年12月，教育部启动了哲学社会科学重点实验室试点建设工作，首批遴选认定了5个左右试点建设实验室、15个左右培育实验室，希望它们能发挥示范引领作用，探索中国特色哲学社会科学重点实验室建设之路，形成建设标准和管理范式，积累建设运行经验。2021年12月，教育部公布首批教育部哲学社会科学实验室名单，30个高校哲学社会科学实验室入选，其中包含试点9家，培育21家。教育部遴选首批哲学社会科学试点和培育实验室，点燃了全国高校设立哲学社会科学实验室的热情，鼓舞和推动了"新文科"背景下哲学社会科学实验室建设的实践探索，是提高对文科的重视程度和加大投入力度的重大举措。

进入2022年以来，中共中央连发两份重要文件，积极推动哲学社会科学稳步发展。4月27日，中共中央办公厅印发《国家"十四五"时期哲学社会科学发展规划》。作为第一部国家层面的哲学社会科学发展规划，该文件对"十四五"时期哲学社会科学发展作出总体性规划，并针对性提出围绕解决经济社会发展中的综合性、复杂性问题，加快学科交叉融合创新，指导建设一批哲学社会科学重点实验室。5月27日，中共中央宣传部、教育部联合印发《面向2035高校哲学社会科学高质量发展行动计划》，对高校哲学社会科学事业高质量发展作出中长期规划。该计划提出，要扎根中国，推进理论创新，开展跨学科跨领域的有组织科研，要加强创新平台建设等。

总体而言，2020年以来，国家积极关注哲学社会科学实验室的建设，密集出台了一系列顶层设计文件，为各省开展哲学社会科学实验室建设的探索提供了依据。

二、浙江省层面的政策演变脉络

在浙江省工作期间，习近平总书记对哲学社会科学工作高度重视，从"八八战略"中"发挥浙江的人文优势，加快建设文化大省"，到提出"真""情""实""意"四字总要求，再到谋划"浙江文化研究工程"，为浙江哲学社会科学工作奠定了坚实基础。在习近平总书记重要讲话和指示精神指引下，浙江哲学社会科学事业蓬勃发展，各项工作走在全国前列。

浙江省围绕推动哲学社会科学实验室建设、繁荣哲学社会科学，建设社科强省，已形成了较为完善的顶层设计和规划。早在2017年12月，浙江省委印发《关于加快推进哲学社会科学发展的实施意见》，强调深入推进中国特色社会主义在浙江的生动实践，必须高度重视哲学社会科学。2021年4月，浙江省发展改革委和省社科工作办联合印发了《浙江省哲学社会科学发展"十四五"规划》（以下简称《规划》）。《规划》提出，鼓励将人工智能、大数据、云计算等技术融入哲学社会科学研究，探索推进文科实验室建设，引导广大哲学社会科学研究人员开展实验研究、政策仿真研究，推动哲学社会科学研究范式创新。大力加强人文社科数据库建设，瞄准学术前沿和优势领域，参照国际标准，建设若干个具有全国影响力的哲学社会科学研究公共数据库，推动基于大数据的人文社科研究。2021年9月，浙江省委宣传部、浙江省委人才工作领导小组办公室和浙江省社会科学界联合会联合出台了《浙江省哲学社会科学人才发展规划（2021—2025年）》。这是国内省级层面出台的首部哲学社会科学人才发展专项规划，旨在提升浙江省哲学社会科学人才队伍的整体水平，打造一支与建设"重要窗口"相匹配的哲学社会科学人才队伍。2021年12月，浙江省第十五次党代会报告进一步明确提出高水平建设社科强省，打造新时代文化高地。

进入2022年以来，浙江省的哲学社会科学实验室建设迈入高速发展阶段。2022年6月，浙江省哲学社会科学工作办公室印发的《浙江省哲学社会科学实验室建设指导意见（试行）》提出了浙江省哲学社会科学实验室建设的指导思想、基本原则、总体目标和重点任务。2022年7月，《浙江省哲学社会科学工作促进条例》（以下简称《条例》）经第十三届省人大常务委员会第三十七次会议通过。《条例》提出，鼓励和支持高等学校、社会科学研究机构实施哲学社会科学创新工程。作为全国首个关于哲学社会科学工作的综合性地方立法，它将引领推动浙江省哲学社会科学工作，填补全国哲学社会科学领域综合条例的空白，为全国哲学社会科学工作贡献浙江智慧和方案。2022年9月1日，浙江省教育厅启动浙江省高校哲学社会科学实验室试点建设工作。2022年10月，浙江省社科联启动浙江省哲学社会科学实验室试点建设工作，首批共有8家实验室入选，其中3家是浙江省哲学社会科学试点实验室，5家是浙江省哲学社会科学培育实验室，试点、培育期为2年。2022年12月，浙江省财政厅会同省社科联修订了《浙江省哲学社会科学专项资金管理办法》，旨在进一步改进科研经费管理，激发科研人员创新活力，鼓励多出高质量成果，高水平推进哲学社会科学强省建设，打造新时代文化高地。

总体而言，浙江省在哲学社会科学实验室建设的顶层设计和实践探索上均起步较早，初步形成了哲学社会科学实验室建设的浙江样板。

三、其他省市的探索和实践

除了浙江省外，其他多个省市在哲学社会科学实验室建设上也展开了相应探索（表1.1）。

江苏省在立法上较为积极，但目前尚未开展实验室建设试点工

表 1.1　各省市围绕哲学社会科学实验室建设的探索

省份	政策发布情况	试点建设情况
江苏省	《中共江苏省委 江苏省人民政府关于进一步繁荣发展哲学社会科学的意见》（2004） 《加快推进社科强省建设实施意见》（2013.1） 《江苏省"十四五"哲学社会科学发展规划》（2021.12） 《江苏省哲学社会科学促进条例》（2022.7）	暂未开展试点实验室建设
广东省	《广东省哲学社会科学重点实验室建设方案》（2022） 《广东省哲学社会科学重点实验室建设与运行管理办法》（2022）	2021年7月以来，广东省社科联在全国率先创建广东省哲学社会科学重点实验室，已在暨南大学、广州中医药大学、广东工业大学、广东财经大学、广州大学、中山大学、华南农业大学、广东外语外贸大学、深圳大学等高校创建16家重点实验室
安徽省	《安徽省高等学校哲学社会科学繁荣计划》（2012.12）	2022年11月，安徽省委教育工委、省委宣传部批准建设首批安徽省哲学社会科学重点实验室，其中立项实验室17家，培育实验室11家
四川省	《四川省"十四五"时期哲学社会科学发展规划》（2022.10）	2022年12月，四川省社科联公布首批省级哲学社会科学重点实验室名单，其中试点20个，培育5个

作。早在2004年，江苏省委省政府发布《中共江苏省委　江苏省人民政府关于进一步繁荣发展哲学社会科学的意见》，提出积极探索建立哲学社会科学研究实验基地和实验室。2013年1月，江苏省委办公厅、省政府办公厅印发《加快推进社科强省建设实施意见》，对繁荣发展江苏社科事业提出了新目标和新任务。2021年11月，江苏省委宣传部和江苏省发改委印发《江苏省"十四五"哲学社会科学发展规划》，提出建成一批具有国家水准的省级哲学社会科学重点实验室。2022年7月，江苏省第十三届人民代表大会常务委员会第三十一次会议审议并通过《江苏省哲学社会科学促进条例》，成为全国同期发布的两个哲学社会科学工作的综合性地方条例之一。

广东省在实践上起步较早，早在2021年7月就率先提出创建哲学社会科学重点实验室。根据广东省社科联数据，2021年7月以来，广东省社科联在全国率先创建广东省哲学社会科学重点实验室，已在暨南大学、广州中医药大学、广东工业大学、广东财经大学、广州大学、中山大学、华南农业大学、广东外语外贸大学、深圳大学等高校创建16家重点实验室。在政策方面，广东省陆续发布了《广东省哲学社会科学重点实验室建设方案》《广东省哲学社会科学重点实验室建设与运行管理办法》，为哲学社会科学实验室的建设提供规范和制度保障。

此外，安徽省、四川省等省份在哲学社会科学实验室试点上已有部分经验。2022年11月，安徽省委教育工委、省委宣传部批准建设首批安徽省哲学社会科学重点实验室，其中立项实验室17家，培育实验室11家。2022年12月，四川省社科联公布首批省级哲学社会科学重点实验室名单，其中试点20个，培育5个。

第二章

借鉴：有哪些哲学社会科学实验研究

第一节

历史上著名的哲学社会科学实验

实验方法是社会科学研究重要的实证研究方法。19世纪以来，实验方法被社会科学不同垂直领域的学者广泛应用于探索工业化和城市化、政策与制度创新和新兴技术导致的社会影响等研究主题。从研究意义上，哲学社会科学实验不仅为学界探索社会变革的规律和机制提供可靠方法，也为政府引导和解决社会问题提供可循证的知识基础。

一、传统社会科学实验

传统的哲学社会科学实验通常在真实情境下进行，学者通过观察和记录观测对象（例如，社会环境、城市、社区或者个人等）的自然演进过程，获取可以对比分析的信息，从而理解社会运作规律。19世纪初，化学家李比希提出在城市化和工业化背景下，科学实验不应局限于实验室里产生的虚拟世界，需要进入现实世界探究技术对真实世界的影响机制。自此，实验方法进入中外哲学社会科学研究者的视野。

以国外20世纪工业化转型背景下的管理学领域实验研究为例，在1898—1924年，为寻求科学管理方法以培训工业化所需的标准化"螺丝钉"工人，美国古典管理学家弗雷德里克·温斯洛·泰勒通过工厂实验提出了科学管理理论，第一次将实验方法引入管理学研究，从而使管理学由经验主义真正成为一门严谨的真科学。伴随着工业化革命的推进，管理学领域聚焦的问题发生了转变。因此，1924—1932年，美国哈佛大学心理学教授埃尔顿·梅奥带领学生和研究人员在霍桑工厂开始了著名的霍桑实验，在工业化转型背景下挑战了科学管理理论下的"经济人"假设，最终将管理研究的重点从工作流程和物的因素转移到人的因素上。在中国现代历史中，学者更为聚焦于贫困、教育、卫生等社会学领域问题。在汲取国外哲学社会科学实验研究经验的基础上，学者们通过著名的"定县实验"（河北），艰难探索通过"四大教育"（文艺、生计、卫生、公民）医治"愚、穷、弱、私"社会痼疾的可行路径，为中国农村现代化建设建言献策。

1. 科学管理实验（1898—1924年）

19世纪末，美国工业出现了资本积累和技术进步，但是受限于手工作坊式的经验管理模式，劳动生产率低下，资源浪费严重。同时，随着美国经济的快速发展，大量无相关工作经验的外来移民进入美国，而这些外来劳动力并不能适应大型工业化机器的生产要求。由此，美国古典管理学家弗雷德里克·温斯洛·泰勒通过工厂实验提出了科学管理理论，以满足工业化对工人管理的新要求。结合"控制—对比—比较"的实验方法以及其在米德维尔工厂从工人到高级管理层的丰富工作经验，泰勒从企业基层实践出发，通过在米德维尔工厂的三个实

地实验，给出最优工作流程，将其标准化并内嵌于工厂作业流程，以解决米德维尔工厂工业化生产场景下的效率和管理需求。

泰勒的第一个实验是铁锹搬运煤粉实验。实验的主要目的是提升工人使用铁锹搬运煤粉的效率。在以往的实践中，泰勒发现搬运煤粉的劳动力成本很高，而且工人个体之间的工作效率存在很大差异。因此，他找了两名优秀的搬运工进行实验，每次都使用秒表记录时间。实验发现，工人一锹铲取量为21.5磅（约10千克）时，一天的总搬运量最大。由此，泰勒设定了一天的标准工作量，对超过标准的员工给予薪资之外的奖励，对未达标的员工进行作业过程分析和针对性培训。在铁锹实验中，泰勒通过实验找到了过程管理的最优组合，再通过员工培训、激励政策等方法将其以标准化的形式内嵌于企业日常事务，最终实现了人均每日搬运量从16吨提升到59吨，并且将每吨煤粉的搬运费成本降低了一半。与此同时，泰勒将工人每日工资提高50%，实现了劳资双方的双赢。

第二个实验是铁块搬运实验。在该实验中，泰勒提出并验证了超额的高额付酬机制的激励作用。泰勒找到工厂内最爱财又小气的工人施密特。在搬运实验中，泰勒通过控制施密特的搬运姿势、行走速度、持握工具姿势、劳动时间和休息时间等变量，确定了最佳组合。施密特在不过度疲惫的情况下，每日的标准搬运量为47吨铁块，泰勒要求施密特按照最优组合进行搬运工作，并且告知他，原来的每日工资是1.15美元，如果当日搬运量超过47吨，则当日工资会涨到1.85美元。结果在工作第一天，施密特很早就搬完了47.5吨铁块，拿到了1.85美元的当日薪酬。由此可见，超额的高额付费机制的激励作用非常显著。

第三个实验是金属切割实验，目的是提高工人使用刀具切割金属的效率。这项实验的过程和目标与铁锹实验类似，都是为了寻求过程管理的最佳解决方案。但是金属切割实验更加复杂和困难，预计6个月的实验最终耗时26年、80多吨钢材和巨额实验经费。泰勒据其发表了论文《金属切割艺术》，并且意外获得了一个重要的副产品——高速钢，并取得了专利。

泰勒的三个实验都取得了重大成果，为他提出的科学管理理论奠定了坚实的基础。科学管理理论认为，为铁锹铲煤粉和搬运铁块这样的"螺丝钉"工作寻找最佳解决方案，并将其标准化、科学化地内嵌于过程管理流程，可以极大地提高企业日常业务效率。这一结论尤其适用于当时工业化转型的社会背景下对外来移民和原本归属于小作坊的员工的培训，使他们能尽快适应工业化的生产需求，提高生产效率，从而解决了资源浪费和外来移民的社会问题。

2. 霍桑实验（1924—1932年）

19世纪的快速工业化催生的科学管理理论强调管理的科学性、合理性和纪律性，但是忽视了作为被管理的个体。工人并非"经济"，而是"社会人"。从20世纪20年代美国推行科学管理的实践来看，科学管理使生产率大幅度提高的同时，单调重复的工作也降低了工人的成就感和幸福感。精神和身体的双重疲惫导致工人强烈的不满，进而演变出消极怠工、劳资关系日益紧张等问题。在实验开展期间，不断兴起的工会组织活动遭到了雇主强烈甚至暴力的反对。[1]

霍桑实验是工业化背景下以科学管理理论为基础的系列哲学社会

科学实验，在1924年11月到1933年2月间完成。其中，1924年11月到1927年10月由美国国家研究委员会（National Research Council）赞助，主要关注企业的物质条件对工人生产力的影响，后由麻省理工学院和哈佛大学合作推进，探究工人的休息时间和工作持续时间与工人生产力之间的关系。实验的初始目的是找到使工人感受到工作单调和情绪压抑的因素，改善其客观工作条件，从而提高生产力。

霍桑实验由美国哈佛大学心理学教授埃尔顿·梅奥主导，他带领学生和研究员在美国西方电气公司设在伊利诺伊州西塞罗市的霍桑工厂进行。在第一个实验中，研究者将工人分为实验组和对照组，探究工作环境中的优异光照条件是否可以减少公认的眼部疲劳和事故的发生。实验组被试逐渐降低的光照，对照组被试恒定光照。结果发现，两组都缓慢而稳定地提高了检查零件、组装继电器或缠绕线圈的效率。直到实验室的光照度降低到与月光相当的水平时，实验组才开始抱怨他们几乎看不到自己在做什么。实验结果表明，只要照明保持在合理水平，就不会显著影响生产力。更出乎研究者意料的是，在接下来的实验中，研究者发现每次引入一个实验变量（无论是改善工作条件还是使工作条件变得更糟），实验组的生产力都会增加。例如在休息时间和工作持续时间的影响实验中，梅奥系统地改变了工作休息时间的长度，更多或更少的休息时间都会推动生产力稳步增长。

在工厂实验的基础上，1928年9月到1931年1月，梅奥还主导了一次超过21000名工人参与的大规模访谈计划。在这种情况下，研究人员倾向于用心理学相关的特权来解释绩效影响（例如关注管理注意力的作用）。此时，研究问题的焦点逐渐转向如何更好地监督组织在员工中的权威,并强调管理者与员工之间的关系是影响生产力的主要因素之一。虽然霍桑实验的设计目的并不是探究人的因素在管理中的作用机制,但是实验结果意外地推动了人际关系学说的产生和行为科学的创建,第一次把管理研究的重点从工作和物的因素转到了人的因素上。

后续学者在解读霍桑实验时提出了著名的"霍桑效应"[2],即实验的非介入性未能得到保障,导致被试者刻意改变了自己的行为。[3]无论是发现了研究者特别关注的点,还是无意识地认为自己需要配合实验,被试者都可能因为主观意识导致实验结果出现偏差。这说明,聚焦于人类和人类社会运行规律的哲学社会科学实验完全采用自然科学的实验原理研究人的问题是存在问题的,因为实验本身会影响被试的意识形态,从而导致实验结果的信度和效度存疑。此外,在哲学社会科学的研究中,影响结果的因素都会比研究人员监测的因素更多,每一个被认为重要的因素都应得到具体处理和适当考虑。因此,如何确定并控制重要的非实验因素也成为哲学社会科学实验的一个难点和方法论研究焦点。

二、融入自然科学方法的社会科学实验

20世纪末,随着自然科学的飞速发展,尤其是计算机科学和脑神经科学的进步,哲学社会科学领域的研究者们开始将自然科学的实验方法引入自己的研究中,以寻求可重复检验、更具科学性和可泛化性

的研究成果。这一阶段的研究方法主要是理论驱动的，结合了自然科学实验的科学性原理，并以满足当时社会需求为目标，产生了许多突破性的科研成果。基于系统动力学的仿真实验为政府深入了解全球经济体系的行为提供了帮助。系统动力学是一种研究动态系统行为的方法，通过建立数学模型和模拟实验，探索各种因素对经济系统的影响。这种方法可以帮助政府制定更准确的经济政策，并预测和应对潜在的经济风险。基于脑科学的脑电实验从自然科学的角度为心理学、经济学、管理学等多个领域的研究提供了生理机制的证明。脑电实验利用脑电图记录大脑活动，通过测量与分析不同刺激或任务对脑电信号的影响，揭示了认知、情绪和决策等心理过程的神经基础。这种实验方法为研究者提供了客观的生物学数据，有助于理解人类行为和决策的机制，并为相关学科的研究提供了科学的依据。通过将自然科学的实验方法引入哲学社会科学的研究中，研究者们能够更加系统地探索社会现象和人类行为背后的原理。这种跨学科研究方法为哲学社会科学带来了新的思路和工具，促进了学科间的合作与创新，为解决现实社会问题提供了更加科学可靠的研究成果和理论基础。

1. 世界模型III: 基于系统动力学的仿真实验（1972年）

"世界模型III"是美国麻省理工学院开发的一个计算机仿真模型，以系统动力学为基础，通过数学方式建立因果关系，以反映全球经济体系各个部门内部和之间一个变量对另一个变量的影响，从而支持研究者深度理解世界经济体系行为。[4]系统动力学是由美国麻省理工学院的杰伊·莱特·福雷斯特教授在1958年提出的一种系统仿真实验方法。其初始目的是解决生产和库存管理问题。系统动力学仿真模型通过构建微观个体间的反馈回路，模拟个体的普遍行为，从而涌现宏观整体的变化，支持研究者通过仿真实验从系统内部结构寻找问题发生的根源。

第二次世界大战后，随着工业化的进程，一些国家开始面临日趋严重的社会问题，例如贫困、污染、犯罪、压迫、资源枯竭、恐怖主义、经济不稳定、种族主义和毒瘾等。哲学社会科学研究试图为这些问题提出可行的解决方案。然而，社会问题的产生和发展存在延时性和动态性等特点，这导致研究工作陷入僵局。不同问题之间的关联性、问题演变的动态性都对当时的哲学社会科学研究提出了研究范式的挑战。此时，融合了计算机技术的基于系统动力学的仿真实验方法进入哲学社会科学研究的视野。[5]美国麻省理工学院J.W.福雷斯特教授将研究对象拓展到世界范围，基于其对社会经济体系中关键因素关联关系的理解先后提出"世界模型Ⅰ"和"世界模型Ⅱ"。随后，他的学生梅多斯教授对模型的参数和设计进行调整，最终提出"世界模型Ⅲ"。在此研究工作的基础上，梅多斯与兰德斯等创作了《增长的极限》一书，基于"世界模型Ⅲ"提出并分析了1900—2100年世界的12种可能发展模式及其对应结局。[6]这本书目前已被翻译成34种语言，在全世界发行超600万册。

世界模型的构建包括四个步骤：①通过查阅文献以及与人口学、经济学、地质学、生态学和农业等相关领域专家交流，确定模型涉及的五个基本要素（人口、资本、资源、污染和粮食）相互作用的基本结构，即反馈回路；②根据可获得的数据和变量间关系的基本结构，为每一种关系建立定量模型。对于没有全球可用数据的变量，采用有代表性的局部数据；③在计算机上计算所有的关系模型，检验反馈回路，调整关键参数；④将模型用于检验政策对全球系统的影响。其中，创建模型的过程并不是增量的，而是根据开发者的理解加深和新的信息（来自外界或者后一个步骤）迭代调整基本反馈回路结构和参数，从而不断加深和优化模型。[7]

在"世界模型Ⅲ"的基础上，梅多斯等（1972）选择了一些变量作为外生参数，在仿真模拟实验的过程中，通过将这些外生参数设置为不同的值，创造了不同的世界发展模式。同时，他们通过调整内生参数来确定模型输出对关键因素和不确定性的敏感性。[8]在12个可能的世界发展模式中，"标准运行"模式即与现状相同的发展模式最受后续研究者的关注。[9]这一模式的控制依赖于反映物质、经济和社会关系的参数在"世界模型Ⅲ"中保持在与1900—1970年一致的值。梅多斯等人提出，如果按照现有模式继续发展，20世纪内粮食产量、工业产出以及人口数都会下降，全球系统在21世纪中叶左右会"崩溃"，原因是资源枯竭和污染加剧。1992年，梅多斯等人根据最近20年的额外数据重新调整"世界模型Ⅲ"，发表了新著《超越极限——正视全球性崩溃，展望可持续的未来》，认为当前世界发展已经超过了地球的承载能力，我们需要回到可持续发展轨道。[10]2004年，梅多斯等人根据历史数据进行仿真实验，提出更悲观的观点，即人类在过去30年里浪费了纠正当前路线的机会，如果世界要避免在21世纪出现严重的过度后果，就必须做出重大改变。[11]后续有学者将世界真实的发展数据与"标准运行模式"相比较，并支持梅多斯的观点，重申可持续发展的重要性。[12]-[13]

2. 潜意识影响决策：脑电实验（2004年）

在经济学领域中，经济人假说从"完全理性"逐步演变为"有限理性"，爱荷华大学医学院神经病学系行为神经学和认知神经科学部的研究者通过脑电实验发现了潜意识对决策的重要影响，为有限理性假说提供了来自自然科学实验的重要证据。[14]

该实验通过一个包含不确定性、奖励和惩罚的赌博任务模拟现实生活决策场景，要求玩家在实验过程中尽可能赢得更多的钱并受到更少的惩罚。具体而言，每位被试者被分到4副牌，每次研究者要求被试者从4副牌中选一副牌，翻出一张，并接受这张牌带来的即时奖励或惩罚。对于4副牌，研究者预先设置牌组A和B有更高的奖励和更大的惩罚，C和D组则相反；同时，A、B牌组的期望为负，C、D牌组期望为正。被试者无法在实验过程中预测哪副牌组何时会出现惩罚，或者精准计算每个牌组的净收益和损失。

实验被试者分为两组，6名有双侧前额叶腹内侧区损伤和决策缺陷的病人作为实验组，10名正常人作为对照组。在实验的全过程中，研究者采取全程皮肤电导反应（SCR）检测和定时访谈方法收集实验数据和记录（皮肤电导反应指的是阶段性交感神经放电，是由刺激而引起的生理和心理激活状态，反映短期大脑过程的指标，可作为由于外部新异性事件刺激产生的情绪觉醒点的定位标记[15]）。如果被试者出现SCR，表示其接下来的决策存在风险。当每位被试者转完20张牌后，游戏中断，研究者会询问被试两个问题——"告诉我你所知道的关于这个游戏中发生的一切""告诉我你对这款游戏的感觉"，之后每隔10张翻牌重复一次问题，并进行访谈录音。

实验结果表明，对照组的正常人在遭受任何损失前都更喜欢A、B牌组，并且没有产生SCR。在遭遇一些损失后（通常为10张牌），正常人开始生成SCR。在20张牌时，正常人认为自己对将发生的事情一无所知。在50张牌时，所有正常人都开始表现出一种"预感"并产生SCR，即A和B牌的风险更高，然而实验组没有产生SCR或表现出"预感"。在80张牌时，有7名正常人表达了观点，认为从长远来看，A和B牌是坏的，而C和D牌是好的，另外3名正常人虽然没有表达这一概念，但是仍然做出了有利选择。此时实验组没有产生SCR，但是有3名实验组成员正确描述了C、D牌组长期收益更好、A、B牌组更坏，却做了不利的选择。也就是说，当正常人在明确知道这是一个有风险的选择之前，他们就开始产生预期的皮肤电导反应，并且做出有利决策；而对于前额叶损伤患者，即使他们认识到如何是有利的，但是病理损伤导致他们从未出现SCR，在决策过程中依然会表现为即使知道什么是有利的，但是在做决策时仍会进行不利的选择。这说明，在正常人的决策行为中，潜意识优先于有意识的基于知识的指导行为，如果没有潜意识的帮助，理性的推理可能不足以确保做出正确决策。

三、当下数字技术驱动的哲学社会科学实验

在过去的20年里，科学技术迅猛发展，为哲学社会科学实验提供了新的方法和工具。文本分析、大数据分析、人工智能等技术的应用使得哲学社会科学研究在一定程度上突破了传统的调节变量和控制变

量的实验方法。新兴科学技术的引入，使得哲学社会科学实验得以对传统研究问题进行跨越长周期大样本的实证研究[16]，或者通过模拟技术规避传统研究方法不可避免的伦理问题和操作难题。由此，哲学社会科学研究得以更加准确地探索社会现象和人类行为的本质，为社会决策和政策制定提供更科学可靠的依据。这种跨学科的交叉研究为哲学社会科学带来了新的发展机遇，并推动了社会科学领域的创新与进步。

1. 社交平台的情绪传染实验（2012年）

2012年，Facebook（脸书）和康奈尔大学传播与信息科学系合作进行了一项介入性哲学社会科学实验，通过减少用户从平台的新闻提要中接触到的情绪表达内容，首次得到支持情绪通过社交平台传播的实验证据。[17]

研究人员进行了两次实验，分别通过对照组和实验组对比探索减少用户在新闻提要中接触到的积极情绪内容或者消极情绪内容对用户情绪造成的影响。实验的自变量和因变量为用户的情绪表达，根据被试者在实验期间发帖内容中消极或者积极词汇的百分比进行度量。其中，每个用户的积极情绪和消极情绪是分开评估的，二者并不相关。词汇的积极和消极由语言查询和字数统计软件进行判断，在Hadoop Map/Reduce系统和新闻提要过滤系统上运行，确保研究人员无法直接看到被试者的发帖内容。对于实验组，Facebook研究人员仅对被试用户的新闻提要进行调整，随机省略10%~90%的包含特定情绪内容的帖子以控制被试者接触到的积极或者消极情绪表达内容量，而不涉及其他操作。被省略的帖子不在新闻提要里出现，但仍能通过该朋友的

"墙"或者"时间线"查看，且不影响朋友间信息发送和接收，保障被试者处于正常生活环境。

该实验持续一周，从2012年1月11日至18日。研究者在使用英文版Facebook的用户群中随机选择了689,003名用户，并保证在实验期间每组都约有155,000个用户至少发布了一次状态更新。

基于实验数据收集，研究人员进行加权线性回归分析，根据实验或者对照的分组哑变量预测被试者的情绪表达。实验结果发现，当新闻提要中的积极帖子减少时，被试者发帖中积极词语的百分比与对照组相比下降了，而消极词语的百分比增加了；当消极帖子减少时，被试者发帖中消极词语的百分比减少了，而积极词语的百分比增加了。这说明，情绪能够通过在线社交平台的表达在人群中传染。

该实验成为探讨基于互联网平台的哲学社会科学实验伦理问题的典型案例。尽管论文中提及所有用户在加入Facebook之前均已同意其数据使用政策，但许多学者认为，Facebook研究人员在未征得任何参与者明确知情同意的情况下，直接操纵用户接收的信息，可能会造成不良社会影响，引发伦理道德问题。[18]

2. 核灾难模拟实验：多主体仿真实验（2018年）

布莱克斯堡的弗吉尼亚理工学院暨州立大学（弗吉尼亚理工）的生物复杂性研究所为美国政府开发了"国家规划情景1"（NPS1）模型，支持政府相关部门模拟紧急公共事件以制定和评估应急管理措施。而刊登在自然网站的核灾难模拟实验则是一个典型案例。[19]

NPS1模型模拟了5千克高浓缩铀在距离白宫仅几个街区的美国华盛顿市中心西北方向的第十六街和K街交叉路口爆炸的恐怖袭击事件，

帮助应急管理人员识别事故地点并评估潜在危害。NPS1模型预测，核弹爆炸，相当于日本广岛核弹爆炸时的情景，将瞬间摧毁2/3的街区，爆炸中心1千米内的建筑物直接被摧毁，数十万人将死于废墟，相应的高强度电磁脉冲会炸毁5千米内的电气和电子设备，华盛顿市大部分电网将瘫痪，核弹的放射性尘埃将向东飘至马里兰州郊区，同时道路会被试图逃离的人群挤满，人们会去寻找失踪的家人或者寻求医疗帮助。

NPS1模型通过数字化手段模拟紧急公共事件、现实场景和多智能主体行为，从众多个体的相互作用自下而上地观察真实世界现象是如何涌现的。正如生物复杂性研究所的创始人克里斯托弗·巴雷特所说："多智能主体仿真模型是看你如何把所有碎片进行整理，然后观察它们的相互作用。"模拟使用的NPS1模型版本在计算机模型中通过建模和数据模拟了受炸弹影响地区现实场景的多个层次，包括每栋建筑、每条道路、电线、医院甚至手机信号塔，还模拟了尘埃羽流的天气数据等。该场景中涉及大约73万个智能主体，数量与受影响地区的实际人口相同。每个智能主体带有不同的年龄、性别和职业特征，总体分布也与受影响地区的人口完全相同。每个智能主体都是一个自主的子程序，在事件发生时通过切换不同行为模式，以模拟合理的人性化应对方式。基于现有研究，NPS1模型将存在可能的行为模式都纳入考虑。例如，压力下的人类行为研究发现，人类对失去家人和朋友的害怕更甚于灾难本身。[20]NPS1模型将此纳入考虑，表示在刚遭到袭击后，应急管理人员应该会看到一些人冲向一楼，疯狂地挤在道路上试图从学校接孩子放学或是找到失踪的配偶。该模型也指出了一个减少

混乱的好方法：快速恢复部分通信服务，让人们可以确认他们的亲人是安全的。总体而言，NPS1模型所模拟的真实世界具有强丰富性和自发性，这是传统经济学和流行病学领域研究难以做到的。

第二节

国外知名哲学社会科学实验室

国外主要有大学哲学社会科学实验室和政府自主设立的哲学社会科学实验室。这两种类型的实验室在推动哲学社会科学研究发展方面发挥着关键的作用。[21]

第一类是大学哲学社会科学实验室。大学中的社会科学系和研究生院是哲学社会科学研究的主要基地。作为知识生产和学术交流的中心,大学哲学社会科学实验室吸引了众多的专家学者和研究人才。这些实验室承担着培养新一代研究人员的重要任务,通过提供高质量的教育和培训,能培养出具有深厚学术素养和研究能力的人才。此外,大学哲学社会科学实验室也可以推动学术交流和合作,促进不同学科之间的跨界研究与合作,从而促进知识的不断积累与更新。通过学术会议、研究项目和学术出版物等渠道,大学哲学社会科学实验室为研究人员提供了广泛的交流平台,推动了学科的创新和发展。

第二类是自主哲学社会科学实验室。自主设立的哲学社会科学实验室展现了灵活性和创新性的特点。这些实验室由政府自主设立,并由一群独立的社会科学家进行管理和指导。自主实验室为社会科学家提供了更大的自由度,使他们能够自主选择研究方向,并进行有创造性的实证研究。不受政府政策和制约的限制,他们能够在各个社会科

学学科中开展新的研究，探索前沿领域，推动学科的进步。这种独立性和创新性的实验室为社会科学研究提供了一个有益的条件，可以激发学者们的研究激情，并鼓励他们开展具有实践意义的研究工作。

这两种类型的哲学社会科学实验室相互协作，共同推动了哲学社会科学的繁荣和发展。大学哲学社会科学实验室通过培养新一代的研究人才，传承和发展学科的基础知识和方法论，为学术界注入新的活力和创新力，推动了学术界的进步和合作。而自主哲学社会科学实验室则在研究创新方面发挥着重要作用，它们通过开拓新的研究领域和探索前沿问题，挑战传统观念，推动了哲学社会科学的创新。自主哲学社会科学实验室的社会科学家们能够独立选择研究方向，不受政治或行政干预，从而有更大的机会追求具有挑战性和前瞻性的研究项目。他们的创造性实证研究为社会科学领域带来了新的理论和方法，推动了学科的发展。

一、大学哲学社会科学实验室

当前，全球范围内多个知名学府均设立了哲学社会科学实验室，以推进不同学科之间的跨界研究与合作。本小节聚焦四所国外知名大学的哲学社会科学实验室，即日本神户大学计算社会科学中心、美国麻省理工学院媒体实验室、美国哈佛大学定量社会科学研究所和美国宾夕法尼亚大学计算社会科学实验室。其中，神户大学计算社会科学中心专注于计算社会科学，利用大数据和计算技术深入分析社会经济现象；麻省理工学院媒体实验室横跨多个领域，旨在推动数字技术在思考、表达和交流思想方面的应用，鼓励创新和科技前沿的探索；哈佛大学定量社会科学研究所通过数据科学技术和创新方法解决社会问题，推动社会科学领域的创新与合作；宾夕法尼亚大学专注于计算方法和大数据处理，以开放的模式与工业界、政府和学术机构合作解决社会问题。

国际知名大学中的哲学社会科学实验室多植根于该校本身雄厚的教学研究基础之上。这些实验室得益于所在学府在社会科学和自然科学领域长期形成的知识积淀与研究传统，在承继院校学科优势的同时，以多学科交叉的视角和前沿的研究方法推进哲学社会科学研究。可以说，这些实验室的学术成就与所在院校在相关领域的卓越学术地位和研究优势是分不开的。目前，这一发展模式正在产生深远影响，推动着国际顶尖大学哲学社会科学研究的进一步提升。后续的案例分析中将深入探讨每个实验室的特点，以全面了解它们对社会科学发展的推动作用。

（一）案例 1：神户大学计算社会科学中心（日本）

1. 实验室的成立背景和发展趋势

神户大学计算社会科学中心（Center for Computational Social Science Kobe University, CCSS）的成立旨在推进计算社会科学领域的研究与发展，利用大数据和计算技术来深入分析社会经济现象，同时在国内外学术界发挥核心作用。这一跨学科领域融合了社会科学、数

据科学和计算科学的方法和理论，以更好地理解和解释社会经济现象，并为创造更美好社会做出贡献。CCSS于2017年3月15日在神户大学经济与工商管理研究所内成立，随后于2018年4月1日独立出来，成为大学范围内的基础研究促进组织。

该中心的战略目标是推动计算社会科学领域的国内外联合研究，并将其打造成为国际研究基地。基于数据科学和计算科学，CCSS致力于将计算社会科学发展成为一门新兴社会科学，并在全球范围内提供系统化的方法。为实现这一目标，CCSS设立了四个研究部门，分别负责社会经济模型模拟研究、大规模数据研究、数据库建设，以及研究支持与资源提供。截至2022年3月31日，CCSS拥有一批杰出的研究学者和专家，包括来自不同领域的知名研究人员。这些研究人员在各自的领域中担任重要职务，为CCSS的研究工作提供了坚实的支持。

CCSS自其成立以来取得了显著的成就，特别是在社会风险估计、可视化和信息传递与决策系统方面的研究。然而，该中心也面临财务挑战，需要不断争取外部资金支持。为此，CCSS采取了多种措施，包括邀请知名研究人员、组织学术活动，以及建立自己的研究员制度。尽管取得了一定的认可，但CCSS仍需应对财务预算、与其他组织的合作以及人才培养等方面的挑战。为了应对这些挑战，CCSS计划加强外部资金筹措，推进内外部合作，并继续培养年轻的研究人才。这些努力旨在使CCSS能够持续发展，并使其在计算社会科学领域发挥更大的作用。

2. 实验室的重点研究方向

高级计算社会科学研究：整合社会科学、数据科学和计算科学方法，深入研究复杂社会经济现象，包括定量分析、建模、预测，以及社会网络、社会行为和意见形成等重要问题。

技术发展以促进计算社会科学研究：致力于开发和创新计算工具和方法，支持计算社会科学研究；运用机器学习、数据挖掘和网络分析等技术，提升数据处理、模型构建和预测能力，深入理解社会现象，为决策制定者提供科学依据。

创建数据库以促进计算社会科学研究：建立与计算社会科学相关的多维数据集和数据库，包括社交媒体数据、人口统计数据和经济数据等；为研究人员提供丰富的数据资源，支持计算社会科学领域的研究工作，并促进数据共享与合作。

促进和传播计算社会科学学术研究的其他必要研究方向还有积极组织学术交流等活动。通过组织学术会议、研讨会和研究项目，与国内外的研究机构和学者合作，促进计算社会科学领域的学术交流和合作，并向社会提供相关研究成果和政策建议。

3. 特色数据库和研究设备

计算社会科学研究中心的使命是通过广泛分享重要的数据来扩大计算社会科学研究范围。为实现这一目标，该中心采取象征性举措，向公众开放两大支柱的研究数据库：历史数据库和市场数据库。

历史数据库包括从18世纪到20世纪（第二次世界大战前）的历史定量数据，其中涵盖日本江户时代中期以后的大米价格、金银价格（金银币之间的汇率）、天气、经济事件和自然灾害等每日数据。现代日本宏观经济数据库包含每月的宏观经济指标、政府债券收益率，以及每年的财政指标和公共债务数据。历史数据库的独特之处在于，它

是基于三井家族大阪货币兑换商的遗留记录复原而成，这个家族在江户时代有重要地位，提供了江户时代的市场数据，数据频率为每日。此外，还有一个月度数据库，用于详细分析从第一次世界大战后至高桥财政时期的宏观经济和金融市场数据，以及明治和大正时期的年度数据库，用于研究明治、大正、昭和战前时期的公共财政可持续性。

历史数据库目前还在建设中，将提供从20世纪到21世纪（第二次世界大战后）的历史定量数据。许多历史研究者拥有宝贵的数据，但却没有公开的分享场所（或不知如何进行公开）。因此，计算社会科学研究中心将积极采集并公开有助于计算社会科学研究的历史定量数据。

市场数据库根据不同地区的市场数据和消费者概况整理而成，也包括社交媒体的话题和情绪数据。市场数据库为研究人员提供了分析市场趋势和消费者行为的重要资源。

（二）案例2：麻省理工学院媒体实验室（美国）

1. 实验室的成立背景和发展趋势

麻省理工学院媒体实验室（Massachusetts Institute of Technology Media Lab, MIT Media Lab）的创立得益于尼古拉斯－尼葛洛庞帝和杰罗姆－威斯纳的共同努力。该实验室的研究领域跨足多学科，包括认知科学、电子音乐、平面设计、视频制作、全息技术、计算科学以及人机界面等多个领域。其核心愿景是借助数字技术提升人们思考、表达和交流思想的方式，同时不断探索科学前沿。媒体实验室以"追随激情"为口号，鼓励挖掘新问题，突破传统认知的限制，开创无限的创新可能性。

该实验室由一群思想家和发明家组成，专注于媒体艺术与科学研究。除了指导研究生，媒体实验室的教职人员还在麻省理工学院本科生中扮演重要角色。在招收研究生时，该实验室特别注重选择具有推动当前项目的潜力的人才，以确保研究工作的高效进行。目前，媒体实验室拥有超过25名教职员工和学术研究人员，他们在媒体艺术与科学领域做出了杰出贡献，使媒体实验室成为该领域的杰出研究机构。

媒体实验室在发展历程中，呈现出明显的趋势和演变。从数字革命的奠基者到生物科学与技术的开拓者，再到如今关注伦理、包容性、可持续性和公正性等问题的倡导者，该实验室一直在引领着媒体艺术与科学领域的创新。未来，媒体实验室将继续致力于解决前所未有的技术、社会和全球挑战，为构建更美好、可持续、公正的未来不懈努力。在杰出专家的引领下，媒体实验室已经成为媒体艺术与科学领域的卓越研究机构。

2. 实验室的重点研究方向

媒体实验室是一个广泛涵盖科技、人类学、社会学等领域的研究机构，旨在推动科技创新并解决当今社会面临的挑战。实验室的25个研究小组专注于具体领域，项目广泛。媒体实验室的研究主题主要聚焦在以下五个方面。

（1）未来世界：实验室致力于推动科技创新，减少地球伤害和重建地球系统，同时促进社会繁荣；通过跨学科专业知识如人工智能、机器学习和超级计算机可视化，改变人类行为，应对气候变化和能源挑战。实验室的目标是为地球上的生物提供可持续的能源、粮食。媒体实验室还致力于推动文化和艺术的创新，让人们思考人类与非人类之间的新平等关系，为建设协同、支持性社会提供思考和启示。媒体实验室鼓励社区提供创意和解决方案，以实现共同的愿景和目标。

（2）人工智能生活：实验室专注于探索人类与人工智能的互动，改善人类体验。研究重点包括与人工智能合作提升决策能力、增强人类智能、设计可信赖的人工智能系统、探讨人工智能对治理和集体决策的影响。实验室致力于培养具备人工智能素养的新一代。

（3）去中心化社会：实验室致力于实现全球范围内的去中心化人工智能，构建更弹性、公平、安全和开放的未来。工作重点包括数字货币、隐私与安全等领域的研究，支持科学家、学生和利益相关者，促进开源共享。

（4）培养创造力：媒体实验室结合艺术、教育和技术创新，鼓励人们参与创造性探索、实验和表达；重点关注边缘化社区，推动全球创意运动，以共同建设更美好的未来。

（5）探索身心健康技术：媒体实验室探索沉浸式系统、人工智能和机器学习技术，提供个性化的干预和支持，促进人们的心理健康和身体能力的提升。其目标是满足全球不断增长的心理健康和福祉需求，减少耻辱和歧视。

3. 特色数据库和研究设备

麻省理工学院媒体实验室拥有多项特色数据库和研究设备，包括DataBasic、非正规性众包数据库、言语影响组装数据库、Newsgroup Database（NGDB）新闻组数据库、网络计算系统（NeCSys）等。这些资源为学生和研究者提供了丰富多样的支持,推动了科学研究的不断发展。

(1) DataBasic: 一套网络工具,旨在帮助学习者真正理解数据处理,提供有趣的示例数据集和与数据处理相关的其他工具和技术连接。

(2) 非正规性众包数据库:城市科学小组创建的平台,旨在深入了解和研究非正规社区。

(3) 言语影响组装数据库:建立了自然语音数据库和自动检测语音情感的模型,可展示情感变异性,并开发了交互式系统的原型,以实现令人信服且自然的交互。

(4) Newsgroup Database (NGDB) 新闻组数据库:快速、灵活的 Usenet 新闻组消息数据库,支持对话可视化、设计新颖的新闻阅读界面和社会学调查。

(5) 网络计算系统(NeCSys):媒体实验室维护的先进网络和计算基础设施,提供内部应用程序和支持实验室社区的计算需求。

(三)案例3:哈佛大学定量社会科学研究所(美国)

1. 实验室的成立背景和发展趋势

哈佛大学定量社会科学研究所(Institute for Quantitative Social Science, IQSS)的创建可以追溯到2005年3月1日,当时它取代了哈佛大学原有的社会科学基础研究中心。在成立之初的两年里,IQSS逐渐吸纳了哈佛-麻省理工学院数据中心、亨利·A.默里研究档案馆、地理分析中心等多个机构,常与哈佛大学内外的其他单位和组织进行合作，同时它也是哈佛大学行政部门的一部分。

IQSS通过数据收集方法、数据科学技术和理论的创新，理解和解决这些问题。在几代社会科学家的努力下，IQSS成功地开发了方法和技术，用于收集前所未有的隐私信息，使这些数据成为有用的资源。

IQSS由一群杰出的研究专家和卓越的工作人员组成，他们为广泛的社会科学研究提供协作和支持。IQSS致力于搭建学术界与其他领域的桥梁，与工业界和政府进行合作，推动社会福利的共同创新。通过不断孵化项目和提出倡议，IQSS将学术界与哈佛大学其他部门、非营利组织和初创公司联系在一起，并通过建设先进的基础设施，推动社会科学研究的创新。

IQSS还致力于培养蓬勃发展的社区，促进学生、教师和工作人员之间的合作与进步，将整个团队提升到新的水平。在应对全球流行病挑战时，IQSS展示了其在绘图、数据分析和大规模统计方面的专业能力。其Dataverse存储库平台成为存储和共享COVID-19相关数据的领先平台，促进了世界各地学者的合作研究。

2. 实验室的重点研究方向

实验室的重点研究方向涵盖了多个社会科学领域，包括社会问题解决、地理信息系统、媒体行业、创新科学、隐私保护和数据分析等。实验室致力于推动社会科学领域的创新和发展，积极努力在以下几个方面展开重点研究。

地理分析中心：管理哈佛大学的地理信息系统基础设施，提供地理空间技术的培训和咨询，用于收集和传播空间数据集。

媒体未来项目：与哈佛商学院合作，研究和确定解决方案，重新平衡媒体行业的真相、隐私和权力。

哈佛大学创新科学实验室：通过解决实际技术挑战促进创新科学的发展，并进行严格的科学研究和分析。

调查研究计划：鼓励和促进调查研究理论和实践的创新，提高哈佛大学的教学和研究质量。

亨利·默里研究档案馆：永久存储定量和定性社会科学的数据库，包含大量数字数据集，视频、音频记录和采访记录。

人类繁荣计划：整合实证社会科学和人文学科的知识，研究宗教、美德、工作、宽恕、婚姻和家庭等主题。

社会科学中基于经验的学习项目：为哈佛的相关学习项目和教师提供现代化支持的基础设施，为学生创造积极的学习机会。

隐私洞察项目：开发统计上有效的差分隐私系统，保护研究人员和社会的隐私。

数据隐私实验室：开发新的技术和方法，以确保隐私得到保护，同时满足社会对于收集和共享敏感信息的需要。

政治随时间计划：建立研究中心，利用信息技术和数据科学的最新进展来研究选举和民主的发展历程。

3. 特色数据库和研究设备

IQSS在推动社会科学领域的创新和发展方面，表现出高度的透明度和社区参与运营的特质。他们致力于公开软件维护和基础设施开发路线图，使教职员工、学生和工作人员了解工作的方向和进展方式，并允许他们查看原始计算机代码。这种开放和透明的环境在类似机构中很不常见，同时也通过社区合作不断提升服务和活动的质量。

Dataverse项目：该项目的战略目标是发展Dataverse社区，培养处理敏感数据和大数据的能力，并提升互操作性。他们还不断改进Dataverse用户体验，以更好地支持用户利用该平台。

Sid项目：Sid项目专注于为处理敏感数据的社会科学研究人员提供有针对性的支持，合作提供后端基础设施和多租户安全研究环境支持。他们还开发研究计算软件产品，为广泛的哈佛社区研究人员提供支持，并参与HPC开源社区的发展。

IQSS研究和开发的软件和系统工具：他们在多个项目中进行研发，涵盖Dataverse、OpenDP以及计算社会科学系统等领域。目标是开发功能强大、可扩展的产品，支持不同研究领域和学术环境，促进社会科学研究的进步。

R包开发与定制：IQSS引领开源分析工具的发展，尤其是R包模块，为R编程语言提供特定功能。他们鼓励研究人员通过定制R包来展示自己的工作，并提供分析工具构建服务，为研究人员提供强大的支持和便利。

（四）案例4：宾夕法尼亚大学计算社会科学实验室（美国）

1. 实验室成立背景和发展趋势

随着科技的飞速发展和数据量的持续增长，大数据对现代社会产生了巨大影响，也为社会科学研究带来了前所未有的机遇和挑战。为了充分应对这一局面，哈佛大学工程与应用科学学院、安嫩伯格传播学院和沃顿商学院共同创立了计算社会科学实验室，于2021年3月正式成立。

该实验室的核心使命是通过计算方法处理大规模数据,为社会科学领域提供新颖且可复制的研究见解。这一方法不仅有助于深入理解复杂的社会问题,还能为政策制定者提供有针对性的政策建议和解决方案。与此同时,实验室还积极推动社会科学研究的可重复性,建立了系统性的研究流程和数据管理机制,以确保研究结果的可信度和持续性。

为了实现这一目标,实验室投入大量资源搭建了高效的研究基础设施,并与行业合作伙伴建立了紧密关系。通过与企业和组织的合作,实验室获取了更多实际应用场景下的数据,并将研究成果应用于实际问题的解决,提升了研究的实用性和影响力。

此外,实验室还积极扩展了合作伙伴网络,与其他学术研究机构和科学家展开合作项目。这种开放的合作模式促进了资源共享和知识交流,加速了计算社会科学领域的进步。通过众多专业研究人员的集思广益,实验室更好地应对了挑战、解决了问题,并在学术界取得了更大的影响力。

2. 实验室的重点研究方向

计算社会科学实验室(Computational Social Science Lab)将计算机科学、统计学和社会科学融合,利用数字数据和平台解决现实世界的挑战性问题。通过与工业界、政府和民间社会的合作,研究产生了推动基础科学服务实际应用的见解。CSS平衡了社会科学的洞察力和研究方法与计算机科学的分析工具,深入探索社会问题。实验室的重要项目包括宾大媒体问责项目、COVID－费城项目、群体动力学高通量实验和常识项目。这些项目展示了实验室在社会科学研究中的创新和实践导向，致力于为解决现实问题提供具有深度和实用性的见解，并推动计算社会科学领域的进步。

宾大媒体问责项目：旨在构建一种技术，检测来自不同政治派别的媒体中的偏见和错误信息模式，涵盖电视、广播、社交媒体和网络。此外，该项目还跟踪通过电视、台式电脑和移动设备进行的信息消费，研究其对个人和集体信仰的影响。实验室与数据合作伙伴合作，建立可扩展的数据基础设施，处理和分析数十太字节（TB）的电视、广播和网络内容，以及大约10万名媒体消费者的代表性面板。

COVID－费城项目：实验室团队正在建立交互式数据仪表板，直观地总结一系列城市（从费城开始）在时间和空间上的人口流动模式，并着重研究潜在的相关人口关联因素。该项目还在估算一系列统计模型，探索人口统计学数据与人类流动性数据之间的相关性，如年龄、种族、性别和收入水平是否能预测社会距离指标。

群体动力学高通量实验：旨在实现可复制、可推广、可扩展且实用的社会科学。该方法为新的实验见解和理论构建方法开辟了新途径，与传统模式在规模和范围上有着明显区别。

常识项目：通过大规模的在线调查实验，研究团队直面常识的定义难题。参与者被要求对数以千计的语句进行评分，涵盖广泛的知识领域。项目团队开发了新颖的方法，从多种来源中提取语句，并通过新的分类法按领域和类型对言论进行归类。

3. 特色数据库和研究设备

实验室自行设计、构建和维护数据基础设施，以支持研究需求。

该基础设施涵盖了获取、存储和组织外部数据提供者的数据，并利用定制的开源软件构建数据收集平台。这些数据资产不仅为研究问题提供信息，还激发了新的可研究问题的产生。

Variable CSS是一个开放的学者集体，旨在推动和改进计算社会科学（CSS）领域，汇聚了众多学者。通过构建促进可见性和联系的工具，使Variable CSS与学者、机构和活动组织者建立联系，致力于使CSS更加公平，并成为不断发展的社区的一部分。

Variable CSS社区创建了名为"Arycss Literature Application"的Shiny应用程序，帮助计算社会科学家改进工作方法和教学大纲。该应用程序利用来自计算社会科学领域代表性不足的身份群体的学者撰写的众包科学文章数据库。该项目的Beta版本已上线，未来几个月将不断改进，并邀请社区成员参与测试。

实验室合作伙伴众多，包括数据提供者、研究平台、应用程序合作伙伴和资助机构。其中数据提供者包括尼尔森公司、PeakMetrics、TVEyes、Harmony Labs、SafeGraph、NewsGuard、媒体偏见/事实核查（MBFC）、AllSides™、Spectus等。合作伙伴还包括CISLM、Empirica、开放科学基金会（OSF）、Amazon Web Services（AWS）、COVID－19高性能计算（HPC）联盟等。

此外，还有沃顿商学院行为实验室、创新与技术办公室（OIT）、Richard Jay Mack、纽约卡内基公司、阿尔弗雷德·P.斯隆基金会、邓普顿世界慈善基金会、Google Research和美国国家科学基金会（NSF）等众多合作伙伴，共同支持和推动实验室的研究工作。

二、自主哲学社会科学实验室

本部分聚焦四所国外知名自主哲学社会科学实验室，包括德国马克斯·普朗克人口研究所、美国圣塔菲研究所、德国GESIS－莱布尼茨社会科学研究所和美国新英格兰复杂系统研究所。德国马克斯·普朗克人口研究所注重人口结构和动态研究，强调全球合作和数据科学；圣塔菲研究所鼓励跨学科研究，以解决多领域的复杂问题，推动科学应用；作为欧洲最大的社会科学研究机构，GESIS－莱布尼茨社会科学研究所专注于调查方法和数字行为数据；新英格兰复杂系统研究所致力于复杂系统研究，涉足多个学科，提供丰富的研究资源。

相对于传统大学哲学社会科学实验室，自主哲学社会科学实验室在研究方向上通常更加专注和特定。这些自主实验室有着卓越的能力，可以吸引并汇聚相关领域的杰出学者和研究人才，建立高效的组织框架，以不断推动前沿的交叉研究。它们的独特地位允许不同学科领域的知识相互交融，从而促生了许多有重大影响力的原创成果。总体而言，自主哲学社会科学实验室在推动哲学和社会科学领域的学术前沿发展中扮演着不可或缺的角色，不仅为深入探讨重大问题提供了平台，还有助于引领该领域的进一步发展和突破。这些实验室不仅创造了新的知识，还有助于塑造当今社会科学和哲学的面貌。在后续的案例分析中，我们将深入研究每个实验室的特点，以更全面地了解它们对社会科学领域发展的推动作用。

（一）案例1：马克斯·普朗克人口研究所（德国）

1. 实验室成立背景和发展趋势

马克斯·普朗克人口研究所（Max Planck Institute for Demographic Research, MPIDR）是德国著名的科研机构之一，隶属于马克斯·普朗克学会，致力于研究人口结构和动态。该研究所位于德国的罗斯托克，以其卓越的人口研究成果和科学影响力而闻名于世。

MPIDR的研究团队由来自世界各地顶尖大学和研究机构的人口学专家组成，他们在人口学领域展开广泛合作，在解决复杂的人口问题方面具有深刻的洞察力，并为其提供全面的解决方案。这个跨学科的团队不仅推动了学科的深入发展，还为人口统计学、社会政策和国际研究等领域的知识平台打下了坚实基础。

MPIDR的研究不仅在学术界产生了重要影响，还关注科学成果的传播和社会影响。研究人员积极参与国际学术交流，与其他研究机构合作，推动全球科学的发展。此外，MPIDR还为年轻的科研人才提供了良好的学术环境和资源，培养了新一代的科学家，为科学事业的繁荣发展贡献了力量。

马克斯·普朗克学会及其下属的MPIDR展现了明显的发展趋势，涵盖了多学科交叉、数据科学、可持续发展研究和国际合作等方面。MPIDR不仅专注于解析人口问题，还利用先进的数据科学技术和人工智能算法，为人类社会的可持续性发展提供支持，寻找相应的解决方案。

2. 实验室的重点研究方向

社会人口学（Myrskylä）实验室的重点研究方向包括生育力和人类福祉，关注全球生育模式的变化并为其寻找规律。另外，他们还关注人口健康，特别关注寿命延长对个人和社会层面的影响，以及延长寿命在工作和退休之间的分配问题。

数字和计算人口统计学（Zagheni）实验室致力于对移民和其流动性的研究，关注如何管理重要的移民流动和移民融合。他们关注移民研究中的作用，利用信息和通信技术以及计算能力的提升来实现在移民和其流动性研究领域的突破。此外，他们的研究还着眼于人口动态和可持续人类福祉，旨在监测、了解和预测影响人类福祉的因素，以及它们与人口变化和可持续发展的关系。

联合研究实验室注重拥有高质量的人口统计数据，强调拥有最高质量和准确性的数据对科学研究的重要性。在人口统计方面，他们帮助研究人员应用先进的统计方法，定制满足其需求的方法或发明新的方法，为人口研究和其他领域带来科学进步。

独立研究小组包括寿命不平等研究、亲属不平等研究、性别不平等与生育率研究。寿命不平等研究探讨不同社会中的死亡年龄差异；亲属不平等研究关注亲属关系网络的构建和人口变化对其的影响；性别不平等与生育率研究通过系统地将性别不平等纳入对当代家庭复杂性背后的人口过程的研究，揭示性别不平等在个人、夫妇、家庭和社会机构中产生和再现的条件。

3. 特色数据库和研究设备

研究所提供广泛且高效的研究支持类基础设施，确保科学家和来访人员能够专注于他们的研究项目。其中，IT部门负责整个IT基础设施的设计和运营，并为科学家提供技术支持，包括数据库编程服务。网络方面，研究所拥有现代的电缆、光纤和无线高速网络，保证稳定和安全的网络连接。虚拟服务器和存储池构成了IT环境的核心，为科学家们提供了高度可用和灵活的计算资源。此外，IT团队还为科学家们提供适合其研究领域的软件支持，确保他们能够顺利地开展研究工作。

图书馆工作人员提供了广泛的印刷和在线资源，包括图书目录、电子书、电子期刊等，以满足研究人员和学生的信息获取需求。此外，研究所还负责维护多个特色数据库，包括人类死亡率数据库、人类生育率数据库、人类死因数据库等，为科学家们提供了宝贵的研究数据。研究所还有关于学者流动、家庭政策、老龄化人口统计等的专门数据库，为科学家们提供有价值的研究资料。对于特殊领域的研究，研究所还提供生物学、动植物生态学方面的数据库，以支持跨学科研究。

（二）案例2：圣塔菲研究所（美国）

1. 实验室成立背景和发展趋势

圣塔菲研究所（Santa Fe Institute, SFI）创立于1984年，是一家位于美国新墨西哥州圣塔菲市的独立非营利研究机构。它汇聚了一群卓越的科学家，专注于多学科跨界研究，包括物理、计算、生物和社会系统等多个领域的复杂适应性系统。这个研究所通过全球学者网络的

合作，旨在理解和统一复杂世界中的共享模式，以促进人类和地球上生命的福祉。

在过去的35年中，圣塔菲研究所一直秉承无围墙的研究理念，鼓励科学家们在不受传统学科或资金流限制的情况下解决紧迫问题。如今，它已经成为一个非营利组织，吸引了全球顶尖的研究人员，他们的基础研究已经在技术发展、城市可持续发展和流行病追踪等社会紧迫问题上取得了重要应用突破。

应用复杂性办公室是圣塔菲研究所的关键组成部分，旨在将复杂性科学应用于实际问题，并与企业、政府机构、非政府组织、非营利组织和个人合作。通过这些合作伙伴的关系，他们更深入地了解了复杂性科学对现实世界产生的有意义影响，并将科学见解转化为推动科学发展的策略。这一过程不仅使圣塔菲研究所的科学研究更具影响力，同时也产生了对复杂性研究领域的新认识。

圣塔菲研究所的使命在于不断扩展复杂性科学的边界，揭示产生复杂性的普遍机制。它秉承三项法则：确保应用活动为科学追求带来净效益，维护科学探究的质量和方向，珍视跨学科合作。随着时间的推移，研究所将继续引领复杂性科学的发展，不断开辟科学研究和应用的新境界，以更深的洞察力和更广阔的视野，探索更加复杂而奇妙的自然世界。

2. 实验室的重点研究方向

圣塔菲实验室的重点研究方向是复杂适应系统，即复杂系统的研究。最新的研究领域涵盖多个领域，包括进化计算、新陈代谢和生态规模法则、城市的基本属性、病毒菌株进化的多样性、灵长类社会群体的相互作用和冲突、语言发展的历史、物种交互的结构和动力学（如食物网）、动态的金融市场、人类物种的等级和合作涌现、生物和技术的创新等。

实验室目前正在运行三个项目：

人类社会组织的规模：该项目关注了解人类社会组织的扩展机制，包括城市、公司和大学等不同形式的人类组织。

应用信念动力：随着新的通信技术的发展，社会交流方式发生了重大变化，该项目旨在研究在线社区中支配信念动态的机制和原则，尤其关注抵御错误信息和虚假信息的能力。

可持续的复杂性：该项目致力于将复杂性应用于气候实践，探索应对气候变化的策略和新技术的采用。

3. 特色数据库和研究设备

SFI提供特色数据库和研究设备，为复杂性社区提供宝贵资源。圣达菲研究所图书馆支持SFI社区的研究需求，提供传统资源、馆际互借和全球新数据源。馆藏包含印刷、数字和媒体格式，记录SFI的研究历史。如有需要，可以向图书管理员咨询或通过电子邮件（library@santafe.edu）提出问题或请求。

此外，SFI还提供数据管理计划工具（DMP Tool），由加州大学校长办公室的加州数字图书馆提供，帮助研究人员满足研究数据管理的要求，并促进其研究项目的顺利进行。

针对更广泛的研究社会影响，SFI还提供了ARIS更广泛影响工具包，旨在帮助研究人员和BI专业人员开发项目和寻找合作伙伴，以满足美国国家科学基金会（NSF）提案的更广泛影响要求，并促进科学

的传播。该工具包由促进研究社会影响中心（ARIS）和罗格斯大学提供。

（三）案例3：GESIS-莱布尼茨社会科学研究所（德国）

1. 实验室成立背景和发展趋势

GESIS-莱布尼茨社会科学研究所（GESIS – Leibniz-Institute for the Social Sciences, GESIS）是欧洲最大的社会科学研究所，总部设于德国的曼海姆和科隆，拥有300多名员工，为国际社会科学研究提供支持。自1986年成立以来，GESIS一直致力于推动社会科学研究，主张独立性、可持续性、质量和能力，旨在成为全球领先的社会科学基础设施机构之一。

GESIS为科学家研究项目的各个阶段提供专业知识和服务，涵盖调查方法、计算机科学、研究数据管理、社会问题及其界面等多个研究领域。

实验室汇聚了一支多样化且富有潜力的研究团队，包括设计数字数据、数据科学方法和数字社会观察等团队，致力于透明的社交分析和数字社会研究。这些研究专家将继续引领计算社会科学领域的发展。

GESIS制定了明确的战略目标，包括制定国际标准、进行优秀的学科和跨学科研究、建立国际联系、优化组织方式、支持员工、管理公共资源等方面。这些目标将有助于推动研究所及其服务的进一步发展，以满足社会科学研究的不断需求。GESIS将继续关注未来，为深化社会科学领域的认知不断努力，为科学家提供卓越支持。

2. 实验室的重点研究方向

GESIS是一个以研究为基础的社会科学基础设施机构，专注于四个主要研究领域的持续跨学科研究，其研究领域包括基础研究和应用研究，涉及社会科学调查研究的各个方面，调查和开发数字行为数据的使用方法，致力于优化社会科学数据的长期存档和可用性，同时关注解决当前社会问题。

具体来说，GESIS的研究涵盖以下主要领域。

调查方法：包括调查统计、测量仪器、调查行动和比较调查等方面的研究。

当代社会问题：关注教育和技能、性别和社会分层、价值观、态度和行为、公共和组织政策、选举、政治和政治行为以及算法与社会等当代社会问题。

研究数据管理：致力于数据共享和再利用、数据安全和数据保护、元数据、新的数据形式以及数据的长期保存等研究。

应用计算机科学：进行信息链接与检索、文本和数据挖掘、网络科学以及开放科学等方面的研究。

3. 特色数据库和研究设备

特色数据库和研究设备方面，该组织拥有研究数据中心（RDC），提供特殊服务，涵盖多个调查项目，如德国综合社会调查（ALLBUS）、德国微观数据实验室和国际调查计划（Eurobarometer、ISSP、EVS、CSES、EES）。另外，综合调查和数据基础设施（IEDI）为社会科学提供高质量的研究数据，回答紧迫的社会问题，还收集数字行为数据，促进数字行为数据和调查数据的链接，挖掘数字化和数字行为研究的潜力。

在研究数据中心方面，有以下项目。

RDC ALLBUS：在德国综合社会调查方面提供专业知识。

RDC 德国微观数据实验室：提供官方统计微观数据的综合服务。

RDC 国际调查计划：汇集技能和产品到选定的国际调查项目。

RDC PIAAC：提供关于国际成人能力评估计划（PIAAC）的数据结构、研究设计和分析可能性的信息和建议。

RDC Elections：汇集德国州和联邦级别选举调查数据的专业知识，提供政治晴雨表和德国纵向选举研究（GLES）等连续调查的数据。

在综合调查和数据基础设施（IEDI）方面，它为社会科学家提供可靠且长期的视角，为大型社会科学调查提供服务。IEDI还致力于开发新服务，有效收集和分析数字行为数据。该基础设施包括多个研究项目，如德国综合社会调查（ALLBUS）、比较候选人调查（CCS）、选举制度的比较研究（CSES）、欧洲社会调查（ESS）、欧洲价值观研究（EVS）、GESIS面板、德国纵向选举研究（GLES）、国际社会调查计划（ISSP）等，同时涵盖与综合调查和数据结构相关的大规模人口研究，如家庭研究和人口统计分析（FReDA）和国际成人能力评估计划（PIAAC）。

在数字行为数据方面，该组织专注于收集符合社会科学研究标准的社交媒体数据和其他数字行为数据（DBD）。他们开发了创新方法，提供透明、随时可用的数据集，通过与在线平台的合作，记录数据集总误差表，并利用数据科学和机器学习领域的新方法，挖掘数字行为数据在分析社会和政治现象方面的潜力。这些数字行为数据可用于衡量社会行为、分析网络和群体行为，了解数字技术对社会行为的影响，如过滤信息泡沫，防止假新闻传播等，并有助于理解数字平台对用户行为的积极塑造。

（四）案例4：新英格兰复杂系统研究所（美国）

1. 实验室成立背景和发展趋势

新英格兰复杂系统研究所（New England Complex Systems Institute, NECSI）是一家独立的美国研究机构，自1996年成立以来，一直致力于推动复杂系统科学的研究和应用，以解决社会挑战和深化对复杂系统与环境相互作用的理解。NECSI的创立者来自新英格兰地区的多个知名学术机构，包括麻省理工学院和哈佛大学等。

NECSI将复杂系统定义为由多个相互作用组件构成的系统，其集体行为无法简单地从单个组件的行为中推断出来。他们的研究影响着科学、工程、技术、商业和社会政策等领域，旨在促进不同学科和机构之间的合作和新研究的传播。NECSI通过举办国际研究会议、维护附属学者名册等多项活动，促进了复杂系统研究的交流与合作。

NECSI不仅拥有内部研究团队，还吸引了来自多个国内外大学的联合教师、学生和附属机构，形成了一个多元化的合作平台。他们的研究领域涵盖了众多方面，如物理、生物、社会科学、工程、管理和医学，基于数学的统一方法超越了传统学科的边界，为科学研究和社会发展提供了宝贵的见解。

NECSI关注系统内部和系统之间的关系网络，采用计算机模拟和高维数据分析等技术手段，深入研究复杂系统的行为模式。他们的研究成果不仅在学术领域得到了广泛应用，还在解决社会问题和制定政策方面发挥了积极作用。NECSI通过将社会问题重新定义为科学问题，为构建更加智慧和可持续的未来不断努力，为社会挑战提供了创新的解决方案。作为复杂系统科学的前沿机构，NECSI在推动知识边界的拓展和社会问题的解决方面发挥着关键作用。

2. 实验室的重点研究方向

新英格兰复杂系统研究所（NECSI）致力于多个研究领域。

首先，NECSI在进化与生态学方面做出了重要贡献，研究人员着眼于进化动力学、利他主义进化、生物多样性起源与特征以及进化与生态学之间的相互作用。他们关注了物种空间分布对进化动力学的影响，发现了以基因为中心的进化观在人口地理上彼此隔离的情况下的局限性。

其次，NECSI在网络研究方面探索了各种社会、技术和生物网络之间的相似性。他们重点研究了网络的结构、动力学和功能之间的关系，这种网络研究已经广泛应用于不同学科中，用于分析复杂关系数据。

社会系统是NECSI另一个重要研究领域，他们关注引发集体行动（如革命，种族暴力，城市健康、时尚和恐慌，全球粮食等）的因素。通过复杂系统的技术和工具，NECSI研究个人和组织在这些集体行动中所扮演的角色。

最后，NECSI在多尺度分析方面开发了一种数学形式主义，可以同时描述多个尺度的系统。他们将这种形式主义应用于物理系统、信息系统、组织行为、工程项目和军事冲突等领域。

近年来，NECSI的研究重点也转向了社会经济系统，特别关注2008年金融危机的原因和后果，以及Twitter网络和社会情绪的动态。他们的研究不仅涉及学术界，还直接向媒体发布了相关政策和文章。

除了以上研究领域外，NECSI还涉及系统生物学、系统工程、组织管理、谈判、网络科学等多个领域。

3. 特色数据库和研究设备

NECSI为对复杂系统的各个方面感兴趣的学生和学者提供了丰富多样的资源和设备，旨在促进复杂系统领域的研究和探索。以下是NECSI提供的一些特色数据库和研究设备。

书籍和期刊：NECSI的学术出版物涵盖了复杂系统领域的广泛内容。学生和学者可以访问各种已发布的资源，其中包括图书、期刊以及完整的在线教科书。这些出版物由该机构的专业研究人员和其他领域专家撰写，内容涵盖复杂系统的理论、模型、应用和最新研究成果。通过点击相关链接，可以了解有关NECSI各种出版物的更多信息，让研究人员及学生深入了解该领域的前沿动态和最新成果。

视频库：NECSI维护着一个精选视频库，其中包含附属研讨会和各种主题讨论的档案。这些视频涵盖了复杂系统的多个方面，包括学术讲座、研究成果的介绍、学者的见解和讨论。视频库为学术界和研究人员提供了一个多样化的学习平台，帮助他们更深入地了解复杂系统的复杂性和相关研究领域的发展动态。

NECSI搜索：这是一个方便而强大的工具，为用户提供快速检索

复杂系统领域相关信息的能力。该搜索引擎涵盖了各种学术文献、论文、研究报告和其他研究资源。研究人员和学生可以利用这一工具来查找特定主题、关键词或作者的相关研究成果，从而节省时间和精力，更有效地进行学术探索和研究。

第三节

数字技术推动下的前沿实验研究方向

传统的哲学社会科学实验通常采用观察分析方法,希望找到事物发展的真实规律。然而,由于手段有限,人们对事物的认识不足,进而往往以"经验事实(常识印象)"来代替背后的真实规律。随着5G、云计算、大数据、物联网、人工智能技术的高速发展,数据的爆炸式增长和算法的复杂程度不断提高,哲学社会科学领域的传统研究问题迎来了新的研究课题。现代管理学之父彼得·德鲁克说过:动荡时代最大的危险不是动荡本身,而是仍然用过去的逻辑做事。哲学社会科学实验不能局限于传统的定性和定量研究方法,需要正视和应对现代科技飞速发展而引发的新社会问题。

近年来,从顶级期刊中不难发现,数字技术正在不断推动哲学社会科学实验方法革新,通过应用数字技术发现的"颠覆经验"的结论,更接近真实社会规律。库恩(1962)提出,最令人惊讶的科学变化往往不是来自积累的事实和发现,而是来自新工具和方法的发明,这些新工具和方法引发了"范式转变"。[22]互联网平台为哲学社会科学实验提供了更科学有效的"新实验室",计算机仿真技术发展支持研究者对复杂社会系统进行更精确的模拟和预测,来自移动互联网、物联网和传统资料数据化的海量社会数据则为哲学社会科学的多领域研究提供了新的资料，推动了理论数据双向驱动的研究范式创新。此外，以ChatGPT为代表的大语言模型等新型科学技术被应用于哲学社会科学实验，通过高维数据和复杂动态关系刻画等独有优势，可进一步拓展哲学社会科学研究的方向和方法。这些基于数字技术的前沿哲学社会科学实验方法相辅相成，不仅为传统哲学社会科学研究提供了新的证据，也反向驱动理论的革新和发展，从而推动哲学社会科学研究进入新的发展阶段，支持国家和区域解决重大发展问题。

一、基于互联网平台的哲学社会科学实验

基于互联网平台的哲学社会科学实验是指"将互联网平台作为一种'新的实验室'开展随机实验"。[23]1997年的"女性吸引力影响因素"实验分别在互联网平台和传统实验室中进行，证明了以互联网平台作为哲学社会科学实验平台的可行性。[24]在Web2.0时期，数字技术为互联网提供了信息联通和交互能力，基于互联网平台的哲学社会科学实验蓬勃发展。当前基于互联网平台的哲学社会科学实验通常包括七个步骤：提出研究假设、选择实验平台、设计实验方案、编写实验程序、受试者获取与分组、实验室实施和管理以及测量结果分析。[25]与哲学社会科学领域传统的观察行为不同，研究人员开展互联网实验，以期系统性地干预世界，获得因果性的验证。[26]

相较于传统的哲学社会科学实验，基于互联网平台的哲学社会科学实验虽然在条件控制力维度仍存在缺陷，但是在整体的科学有效性

方面有显著改善。传统哲学社会科学实验的科学有效性一直遭受挑战。实验的科学有效性取决于四个关键点：条件控制力、样本代表性、环境仿真度和可重复性。[27]在传统哲学社会科学实验中，实验室的样本代表性和环境仿真度往往受到质疑，自然实验的条件控制力和可重复性难以保障，而田野实验的条件控制力和样本代表性同样难以控制。基于以上原因，传统社会科学实验在效度上一直存在挑战，更适用于揭示相关关系，而难以用于验证因果关系。

相较而言，基于互联网平台的社会科学实验在样本代表性、环境仿真度和可重复性维度上表现较好。首先，基于互联网平台的社会科学实验借助互联网平台拥有庞大的样本池[28]，在方案设计合理的情况下更可能招募到代表性较好的受试群体，或根据人口结构特征对受试群体进行加权处理，因而其样本代表性可以更接近随机样本。其次，互联网平台实验环境既处在被试平时生活的现实空间，又处于网络虚拟空间，后者可通过环境控制使其实验环境与研究问题背景更为接近。再次，互联网平台实验的实验流程是编程产物，几乎可以无限制重复利用。然而，由于基于互联网平台的哲学社会科学实验被试并不在同一可控的现实空间内进行实验，可能面临现实空间的干扰，因此其条件控制力欠佳。

目前基于互联网平台的哲学社会科学实验主要应用于跨文化研究、网络行为心理研究和个体行为研究等。然而，由于平台的技术性特点，研究者需要具备编程等技能才能进行实验研究，这也对从事哲学社会科学研究的学者提出了一项新挑战。同时，在基于互联网平台的哲学社会科学实验方法中，社会科学实验所涉及的伦理问题并未得到完全避免，甚至在未事先告知被试的情况下进行干预可能会引发不良的社会后果。此外，这种实验方法还存在侵犯用户知情权、同意权和隐私权的嫌疑。[29]

二、基于仿真技术的社会模拟实验

基于仿真技术的社会模拟实验是指"基于某种社会行为的理论或经验，建立一个关于现实社会系统的计算机模型，然后模拟其动态过程"。[30]仿真模拟实验通过建立个体行为模型，在系列起始条件与约束条件下，模拟所有个体行为演变和相互作用，最终自下而上地涌现某个仿真节点下个体微观和群体宏观状态。其中，个体的概念广泛，智能体、自然物理现象、包含明确运行规则的人造物体等都可以作为被模拟的对象。例如，清华大学研究团队基于放射性物质在海洋中扩散的三个几乎独立的子过程，对福岛核废水的扩散过程进行了仿真模拟实验。[31]自20世纪60年代起，哲学社会科学领域开始广泛采用仿真模拟技术，用于理解社会结构、功能和演进，并解释复杂关系和现象，预测未来社会的演变方向，是复杂社会系统研究的一种重要研究方法。

随着算力和仿真技术的发展，社会模拟研究可以按照发展阶段分为微观模拟、系统动力学模拟（System Dynamics Simulation）和多主体模拟（Agent-Based Modeling and Simulation, ABMS）三种类型。[32]早期典型的微观模拟案例是美国经济学家托马斯·克伦比·谢林建立的种族隔离模型，通过模拟基于邻居收入的搬家行为揭示了种族和收入隔离背后的原理。[33]但是微观模拟的交互规则简单一致，主体趋于同质化。然而基于复杂适应系统理论，同质化主体和单一交互规则并不能满足对社会的真实模拟需求。因此，随着算力和算法的技术发展和哲学社会科学理论的进步，这两个问题被逐步解决，更为复杂的系统动力学模拟和多主体模拟应运而生。系统动力学模拟能够容纳更复杂的交互规则。进一步地，多主体模拟强调异质性主体，能够模拟主体的适应性、行为多样性和组分交互性。目前这三种类型的社会模拟实验研究方法互为补充，被广泛应用于社会学、城市规划、公共卫生和经济学等领域[34]，服务于哲学社会科学研究的基础研究、理论研究和应用研究等多层面。

虽然基于仿真技术的社会模拟实验已经发展数十年，但是仍然存在局限和不足。首先，由于仿真建模的自由度极高，建模者几乎可以模拟出任何需要的结果，其效度一直被质疑。[35]例如，仿真模型的参数设置通常由建模者预先估计和设定，而非实证产生。因此基于仿真技术的社会模拟实验难以被用于精确预测，更多作为理论发展和决策优化的支撑。[36]其次，仿真模拟需要强大的算力资源支持，因此研究者必须在规则精细度和模拟规模中权衡[37]，这严重制约了社会模拟实验在哲学社会科学研究中的广泛应用。

三、社会数据计算实验

社会数据计算实验是指"运用计算机与先进的数据处理技术，对社会数据进行搜集、分析、挖掘，将其运用于社会科学研究的一种理论数据双向驱动的研究方法"。[38]在人类社会中，信息世界和物理世界所生成的数据，在个体和群体的互动行为中呈现出前所未有的广泛、深刻交织，这种交互作用正不断加深耦合。在信息物理系统中，个体或群体通常通过社交媒体、即时通信、在线交易、数字化图书馆等渠道生成面向不同领域的大数据。同时，传统资料也正在经历数据化转变，所形成的数字资料是宝贵的历史文献和资料补充。在哲学社会科学领域，社会数据计算实验正在彻底改变传统研究方式，通过使用真实数据来探究个人行为、组织运营、社会关系和社会网络等复杂领域的问题。这种方法为各类社会主体的管理者提供支持，使其能够进行舆情监测、社交网络分析以及特定人群识别等管理活动。

与理论驱动的传统哲学社会科学实验不同，社会数据计算实验方法存在三个特点。第一，社会数据计算实验方法遵从数据密集型研究范式，是理论与数据双向驱动型研究方法。在社会数据计算实验中，研究者无须在数据处理前确定模型假设，只需在确定研究范围和研究问题后，通过算法从海量数据和参数中识别关键变量及变量间的关联性，进而提取潜在的人类行为和社会运行规律，通过计算得出之前未知的理论，从而反向推动理论突破。第二，社会数据计算实验方法极大地缩短了哲学社会科学实验获取数据的时间，扩大了被试范围，为无介入性实验提供了可能。社会数据计算实验所采用的大数据源自互联网、物联网等多种现代设备，这些数据实时存储和记录，构成了存储在硬件中、随时可供提取的海量资源。数据的提供者即现实世界的参与者，数据收集范围可以跨地区、跨文化。海量数据包含了跨越时间和空间的数据，为寻找相似条件的天然对照组和实验组被试提供了可能，从而支撑无介入的社会科学实验。第三，社会数据计算实验对研究者的数据处理能力有极高的要求，这已成为影响相关研究成果产出的最重要的制约因素。从研究角度审视，对社会数据的完整性（部分数据存在获取障碍）、代表性（不是总体数据，且非随机样本[39]）和质量（有可能存在信息操纵和造假等不当行为，例如"水军"）存疑。[40]而且社会数据的价值密度较低，因为其生产并不是服务于哲学社会科学实验，这与既往哲学社会科学研究常用的二手数据不同。因此，在社会数据计算实验中，研究者需要利用交叉验证等多种数据处理技术以解决数据源本身存在或潜在的缺陷。

社会数据计算实验是计算社会科学领域重要的实验方法，拓展了传统哲学社会科学研究方法，包括但不限于社会网络分析（Social Network Analysis, SNA）和地理信息系统（Geographic Information System, GIS）。在社会网络分析领域，以复杂和动态网络为理论基础的大数据研究，已经逐渐成为社会学、传播学[41]、财政学[42]等哲学社会科学垂直领域与计算机科学结合的学术创新领域。例如，香港科技大学计算机科学及工程学系的Pan Hui基于新冠病毒肺炎疫情期间17个国家（地区）的Facebook数据进行了情感分析及政府信息传播分析研究。[43]同时，在基于数字技术的地理信息科学研究中，过去研究者很难处理来自地图和图片的地理信息，但是数字技术支持研究者基于地理信息系统技术整合异源异构的地理空间数据与其他数据，支持决策者预测和管理海量地理信息，从而有效地解决城市规划、环境保护、应急管理等社会问题。[44]当前地理信息系统研究正在进一步地面临现代技术多方面的冲击和挑战。遥感卫星、全球定位系统和无人机等技术的广泛应用提供了海量的地理时空数据。数字孪生技术与地理信息系统技术相结合，能够全面精确地对地理空间和物体进行时空一体化的数字化和模拟[45]，在制造、建筑和城市规划等方面有广泛的应用前景。而基于大数据处理的机器学习、深度学习等前沿数字技术，地图生成、空间分析与决策等地理信息系统技术正在飞速进步，为智慧城市、智能交通等智能社会治理模式奠定了自动化的基础。

目前国内的社会数据计算实验在数据储备和处理设施两方面存在短板。在传统行业数据储备方面，如医疗大数据、金融大数据、工业大数据的储备相较欧美国家起步较晚，标准化程度较低。在互联网数据储备方面，国际数据公司拥有跨地域的国际数据，而国内数据公司仅仅拥有中国数据，对国际数据的收集、储备和使用的较少。在数据处理基础设施方面，经过多年的研究，发达国家在社会系统大数据分析与决策辅助工具方面仍然处于领先地位，国内的此项研究仍有不少赶超空间。

四、垂直领域大模型实验

研究者对人工智能（Artificial Intelligence, AI）的探索经历了多个阶段。传统人工智能主要面向特定任务，依靠规则和专家系统构建模型，通过编写预定义的规则和知识来解决问题。然而，传统人工智能在处理复杂、不确定或未知场景下的问题时存在一定的局限性，难以自主习得解决问题的能力。[46]近年来，以ChatGPT为代表的大语言模型（large language model, LLM）成为热门研究方向，被称为通用人工智能（Artificial General Intelligence, AGI）。通用人工智能主要采用生成式人工智能的形态，能够模拟人类的智能，具备适应性调整能力，可以应对复杂情境并完成各种类型的任务，甚至是从未见过的任务。[47]相较于传统人工智能，通用人工智能跨领域、跨学科、跨任务和跨模态的大模型能够满足更广泛的场景需求、逻辑理解和工具使用要求。在类似ChatGPT的通用人工智能支撑下，垂直领域大模型将为特定领域人工智能的发展迎来新的机遇，因为垂直领域认知能力需要建立在通用认知能力之上。举例来说，传统的医疗领域人工智能无法通过专业知识、文本和数据对耳鸣疾病进行智能诊断，因为医生接诊的大部分任务是排查无须治疗的健康情况，而传统人工智能无法准确理解何为健康，但通用人工智能可以具备这种认知能力。此外，生成式人工智能和判别式人工智能是与ChatGPT等模型相关的两个技术概念。生成式人工智能指的是具备针对无标注数据，设计基于遮蔽内容还原的自监督学习任务进行训练，从而引导模型具有生成符合上下文语境的内容能力的人工智能。而传统人工智能通常采用判别式方法，主要通过对标注数据的训练，引导模型学习给出正确答案。

2022年，OpenAI工作室发布ChatGPT，进一步推动了学术界对大模型和通用人工智能的热议，学界和业界仍然理智地认为未来大模型落地需要具有领域特性。现有研究认为，大模型在分类文本、总结文档、回答问题和生成可解释等方面的表现已经优于人类。[48]-[51]在科学研究中，大模型能够整合各种异构、异源、异频的海量数据以避免过度拟合，容纳更高的参数维数以及构建具有非线性和时变性等特征的复杂关系，从而支持刻画超高维动态复杂系统，在解决社会复杂问题方面做出独有贡献。[52]普遍认为，经过特定领域优化的垂直领域大模型在完成任务时比通用大模型表现更出色。特别是在聚焦于社会问题的哲学社会科学领域，垂直领域大型模型通过价值对齐训练，能够有效地解决那些可能引发广泛社会不良影响的问题。例如，教育领域大模型能够通过模型的价值对齐等训练手段，从技术角度解决"毒教材"等问题，满足垂直领域的特殊需求。

当下各个垂直领域正在通过"反馈进化"与"填鸭灌输"，在通用大模型基础上构建垂直领域大模型。如果说传统人工的发展路径是"先专再通"，通用人工智能则具有"先通再专"的特点。垂直领域大模型的构建和训练通常分为三个阶段。首先，构建通用大模型，用大量广泛且多样的语料使底座大模型获得参数化、概率化的知识，进而使模型习得语言理解和推理能力等广泛的通用智能。其次，优化专业领域知识，针对领域数据进行微调和下学习任务指令，使模型理解领域文本并胜任特定任务。最后，对齐大模型的价值观念，使之与人类的道德法律观念相一致，保证其伦理性。[53]这一智能训练进程类似于人类教育，先进行通识基础教育，再进行专业高等教育，以期最后成为推动人类思想和技术发展的智能体。目前哲学社会科学研究的多个领域已经在通用大模型的基础上探索金融学[54]、教育学[55]和公共管理[56]等垂直领域大模型和各项人工智能功能。业界也有多个社会实体在垂直领域发力，寻求新的发展突破。例如，在教育领域，网易有道发布"子曰"教育自研大模型以及各项基于此的生成式人工智能功能；在金融领域，Bloomberg发布基于ChatGPT的BloombergGPT；在法律领域，全球知名律师事务所大成（Dentons）与微软合作发布基于ChatGPT4的生成式AI机器人"fleet AI"。

目前，我国基于垂直领域大模型的哲学社会科学实验仍然面临一些问题。在技术方面，我国与国际先进水平大模型在算力、算法和数据方面仍存在较大差距。在数据方面，国际主流大模型的数据量级在千亿单词，而中文大模型的数据量级为百亿单词，并且开源程度较低、封闭程度较高。从算力当量看，国内大多数主流大模型算力当量仅为数千PD，而ChatGPT算力当量已达到248,842PD，差距达百倍，而算力是大模型能力的核心要素，足够大的算力才能支持足够精准的模型泛化能力。在算法方面，虽然开源为国内大模型的算法进步提供了技术追赶的机会，但是LLaMA等开源大模型性能弱于国际顶级自研模型。我国的大模型需要寻找技术超越的契机，而从垂直领域应用需求着手可能是一种方法。在技术治理方面，大模型对人类的自由、平等、安全和道德等多个方面可能造成威胁已被国际社会公认。2023年3月，意大利因隐私问题全面禁用ChatGPT，同时法国等欧洲国家也在采取更加严格的监管措施。我国已经认识到这一问题的重要性，正在积极探索可行的技术治理路径。例如网信办等七部委发布《生成式人工智能服务管理暂行办法》，以期在生成内容、主体责任、数据源和数据处理等环节形成有效的技术治理生态，以包容审慎的态度抓住机遇、厘清风险、应对挑战。

第三章

实操：如何建设哲学社会科学实验室

1

第一节

设定实验室的目标愿景

一、实验室的功能定位与建设目标

（一）实验室的功能定位

随着经济社会发展和人才培养需要的变迁，哲学社会科学实验室的功能定位在不同历史阶段有一定的调整。20世纪90年代，国家对于哲社等文科专业建设实验室的主要功能定位是，以实验室实训改革教学模式与人才培养方式，对接社会发展需求，提升学生的应用能力与实践能力。1993年印发的《中国教育改革和发展纲要》（中发〔1993〕3号）提出高等教育要进一步改变专业设置偏窄的状况，拓宽专业业务范围，加强实践环节的教学和训练，发展同社会实际工作部门的合作培养，促进教学、科研、生产三结合。因此，这一阶段哲学社会科学实验室的职能要求是结合本学科专业特点和实验要求，制定针对性较强的实验教学规划，培养具有创新精神和实践能力的高级专门人才。

进入21世纪，教育部于2003年开始启动"高校哲学社会科学繁荣计划"，其中两项子计划"教育部人文社会科学重点研究基地建设计划"和"基础设施和信息化建设计划"直接加速了高校哲学社会科学实验室的建设。北京市配套出台的《北京高等学校人文社会科学重点研究基地管理办法》明确提出，重点研究基地应参照国家自然科学重点实验室模式进行建设。[1]相关实验室和重点研究基地建设成为高校科研体制改革的重要突破口。根据黎小勇2006年的研究梳理，国内名牌大学中20余所哲学社会科学实验室的功能定位基本包括以下四类：①科学研究功能，即为满足本学科需要，进行基础性或应用性研究，如语言学实验室、心理学实验室等；②人才培养功能，即结合本专业课程教学和专业实务需要，进行专业实训或场景模拟培训，如多媒体集成工作室、模拟法庭实验室等；③资料信息建设功能，即收集整理社会科学研究相关数据和资料，服务各学科研究需要，如数据调查实验室、文科信息中心等；④咨询服务功能，即为本领域政府或企业机构提供专业咨询或鉴定服务，如刑事侦查实验室、影视制作中心等。[2]当然，许多哲学社会科学实验室可能兼具对内教学科研、对外咨询服务的功能。

近年来，伴随着新文科建设的全面启动，哲学社会科学实验室成为引入前沿科技和促进学科交叉融合的关键载体，当前哲学社会科学实验室主要应在以下五方面强化自身功能定位。

1. 科研创新功能

即促进哲学社会科学传统学科转型升级，推动形成跨学科研究单元。其一，聚焦研究方法和研究手段的创新，为哲学社会科学经典和前沿问题提供新技术和新范式，促进基础理论和应用实践的转型发展。其二，哲学社会科学实验室应当瞄准具有交叉性和复杂性的特定社会议题，摆脱单一学科的"路径依赖"，打破文、理学科之间的壁垒，组织人才和资源实施跨学科交叉融合的研究项目。

2. 教学实训功能

即借助专业实操设备和多媒体教学环境，为高校课程教学，以及社会化职业技能培训提供实践操作训练。针对社会发展需求以及专业岗位需要，合理规划实验教学和理论教学内容，适当降低演示性、验证性实验比例，增加研究创新性和综合设计性实验比例。以学生能力和综合素养提升为根本，增加满足市场需求、产学研结合、关注学生兴趣点的实验课程。

3. 数据装置功能

即针对专业或者通用社会科学研究需要，合理配置实验仪器设备，完善应用软件环境，建立专业数据库。近年来，部分社会科学研究领域已经投入重大资金引进了一批比较先进的科学仪器设备，实质增强了社科研究的感知能力、分析能力和模拟能力。计算社会科学兴起后，对大数据的收集、治理、存储、计算和模拟的要求极大提高，实验室还应同步引进更多数字设备。

4. 辅助决策功能

即围绕国家重大战略需要，提升智库资政与科学决策辅助能力。智库研究是高度专业化的创新活动，需要专业化的方法、数据库和计算装置的支撑。在经济、社会、政治、科技、教育、法治等各个领域组织建设哲学社会科学实验室，有助于将科学性贯穿于特定研究导向和研究过程之中，长期积累数据资料，不断打磨方法，培养兼具理论知识和操作经验的人才队伍，为促进智库研究范式从经验式向科学化、从零散式向系统性、从学科单一向多学科融会贯通的转变提供组织保障。[3]

5. 成果转化功能

即促进政府、企业、社会组织、公众等主体展开多重互动，推动研究成果"政产学研用"融合转化。哲学社会科学固然有一些纯基础研究的领域，但不能否认，哲学社会科学的大量应用研究成果直接或间接有助于解决生产生活和治理中的现实问题，推动经济高质量发展与社会和谐进步。哲学社会科学实验室不仅具有创造知识的功能，也需要承担连接政府、企业、高校和科研机构资源，反馈经济社会发展重大需求，组织实施跨领域联合攻关的职能。

（二）实验室的共性建设目标

2020年12月，教育部社科司发布《关于启动教育部哲学社会科学重点实验室试点建设工作的通知》（教社科司函〔2020〕125号），明确提出建设一批具有中国特色、促进学科交叉、服务国家战略、推动国际交流的哲学社会科学重点实验室。《浙江省哲学社会科学实验室建设指导意见（试行）》也提出，到2025年，建设一批具有特色鲜明、学科交叉、制度创新、服务社会发展、推动国际交流的哲学社会科学实验室。结合教育部和各省市相关政策的目标要求，哲学社会科学实验室应当实现以下四个方面的共性建设目标。

1. 支撑学科交叉的哲学社会科学体系建设

哲学社会科学实验室应当聚焦经济社会和哲学社会科学发展的前

瞻性、综合性、复杂性问题，运用大数据、人工智能等新兴技术手段，采用实验研究的方法，开展哲学社会科学研究，充分实践社会科学与自然科学在研究范式、研究方法、研究手段等多维度上的交叉渗透和融合创新；充实发展中国特色哲学社会科学体系，形成新兴学科、前沿学科、交叉学科。学科交叉应坚持"哲学社会科学+新兴工具"，而不是"新兴工具+哲学社会科学"[4]，以推动哲学社会科学的理论创新与范式革新。依托学科交叉融合的科研平台建设，可以带动兼具哲学社会科学与计算科学、数据科学复合知识背景人才的引聚培养，打破学科壁垒，构建新的知识生产模式。

2. 推动服务国家战略需求的原创成果产出

当前和今后一个时期，我国发展仍然处于重要战略机遇期。哲学社会科学实验研究的主题必须紧密围绕巩固马克思主义指导地位、实现经济高质量发展、促进社会公平正义、推进国家治理体系和治理能力现代化等国家重大战略需求，以中国为观照、以时代为观照，立足中国实际，解决中国问题。哲学社会科学实验室应当成为哲学社会科学原始创新的重要策源地，针对前沿问题的研究需要，科学布局研究装置，充实完善数据资源，运用先进研究方法和研究手段，在研究解决事关党和国家全局性、根本性、关键性的重大问题上拿出真本事、取得好成果。

3. 服务经济社会发展，促进产学研合作

哲学社会科学实验室应坚持以人民为中心的研究导向，聚焦发展社会主义市场经济、民主政治、先进文化、和谐社会、生态文明以及党的执政能力建设等领域的现实需要，产出经得起实践考验的理论和应用研究成果；在经济社会发展的前沿领域，探索建立开放研发机制，促进创新链与产业链深度融合；以实验室为载体，有效促成政府、高校、科研机构和企业四大主体结成"创新联合体"，瞄准产业发展前沿赛道，集结各方创新资源，建立共赢合作机制，缩短市场需求和基础研究之间的链条，加速重大研究成果和创新技术的转化运用。

4. 打造国际前沿学术交流的新兴板块

探索哲学社会科学实验研究的新方法、新范式是当前全球哲学社会科学发展的前沿领域。计算社会科学等新兴学术板块发展时间还不到20年，中国与先进国家在该领域的研究水平非常接近，具有较大的互学互鉴空间。哲学社会科学实验室要立足中国研究，提炼标识性概念，提高我国在国际上的话语权，要引导国际学术界展开研究和讨论，使中国特色哲学社会科学真正屹立于世界学术之林。

二、如何设定实验室的目标任务

（一）确定实验室的愿景与使命

哲学社会科学实验室的日常工作可能充满数据加工处理、算法模型设计、装置设备调试等各种琐碎繁杂的工作。实验室的工作目的是通过技术和方法研究社会现象，寻求解决社会问题的可能改进方案。设定实验室的愿景和使命，能让实验室的工作人员以及利益相关方明

确地知道，实验室是干什么的，希望成为什么，在为谁服务。

愿景是对实验室希望的最终发展状态的描绘，呈现了实验室未来发展的理想样貌。愿景很大程度上反映了研究机构的价值观和志向。它无时无刻提醒着实验室的管理者和每位工作人员：做出的决定和行动必须与愿景保持一致。使命相对更加具体，指明了实验室主要的研究方向和研究目标。愿景与使命共同构成了实验室的战略发展方向，也与实验室的功能定位和发展目标直接相关。

国内外较为成熟的哲学社会科学实验室都会把愿景和使命写成口号，放在实验室办公场所和官方网站的醒目位置。例如，美国亚利桑那州立大学风险创新实验室的愿景是"一个独一无二的跨科学'思维实验室'，将创造力、协作、教育、参与和学术汇聚在一起，改变我们看待、思考和应对社会风险的方式"。[5]清华大学计算社会科学与国家治理实验室在简介中明确写道，实验室的发展愿景是"立足公共管理、政治学、法学、经济学、新闻传播学、社会学等哲学社会学科，融合计算机科学与技术、电子科学与技术、软件工程、数学等理工学科资源，建成代表国家水平的科研基地和高层次人才的培养基地，在教育部哲学社会科学实验室建设中发挥示范作用"。[6]美国圣路易斯华盛顿大学社会系统设计实验室在官方主页上同时标明了实验室的愿景和使命：其愿景是"在研究、社区参与和教学中实现自身使命，致力于推动证据为本的实践、社会公正和能力建设"；其使命是"推动公众与社区服务相关系统动力学的科学研究与应用"。[7]

实验室在对愿景和使命的描述中，通常会强调自己的研究议题对于学术研究和经济社会发展的价值和作用，同时也会体现出实验室的研究议题具有一定的挑战性，需要经过长期持续的研究。[8]这些信息不仅有助于吸引各学科关心相关议题的研究者共同参与跨学科的议题研究，也能够让同样关注这些议题的政府部门、科研机构、企业和公众注意到实验室的工作，投入资源助力其使命的实现。

（二）找准实验室的目标定位

哲学社会科学实验室有别于高校和现有科研院所中的研究中心和智库机构，与市场中服务社会科学研究的科技企业或调查公司也有着明显区别。哲学社会科学实验室需要从组织发展战略的高度，整体谋划实验室在自主研究、公益服务、技术攻关、成果转化的力量配置，打通学科建设与产业应用板块，打造实验室的核心竞争力。

1. 成为本领域顶尖学术研究单元

实验室要通过组织内部的充分讨论与咨询外部专家，充分评估自身组织特色、人才特长、前期基础、外部合作等资源禀赋，以及学术研究方向的独特性、重要性，确定实验室的主要研究领域和重点突破方向；要从基础研究、前沿技术研究和社会公益研究等创新研发的不同环节，明确实验室的功能定位；要通过项目资金支持、营造创新环境、优化成果激励、保障数据设施、支持项目申报、人才吸引培育等方式推动实验室产出本领域一流研究成果，形成科研板块的学术高地；要结合本领域研究的前沿问题，进行实验性或理论性的基础研究，通过实验手段获得新的经验证据，产出新知识；要为加快构建自主的哲学社会科学知识体系，提供本领域扎实的原创性成果，不断推进本学科领域的理论创新和方法创新。

2. 开展公益性学术技术服务平台

不同于具有较强盈利动机的学术服务市场机构，哲学社会科学实验室的定位是非营利公益性机构。我们要防止实验室一味追求自身利益最大化，忽视普遍性、公共性的社会科学技术与数据服务需要。部分高校尝试将哲学社会科学实验室打造为赋能本校各个哲学社会科学专业，提供共性数据和算法、算力服务的科研辅助机构。这固然是有效协同和集聚校内不同学科资源的可行方式，但也需要重视形成更强的开放性和资源整合能力，乃至形成高校、科研院所、企事业单位多方合作，开展联合建设或联合攻关。一些在本领域内已经有较为成熟研究方法和技术手段的专用型实验室，也应当在满足本系所、本学科研究需要之外，提升研究设施、研究资源的开放性，加强跨组织和跨学科的交流合作，赋能更多哲学社会科学研究机构，促进社会科学实验方法的交叉创新与范式传播。

3. 组织自主性实验方法装置攻关

关键技术"卡脖子"问题在哲学社会科学研究中同样存在。我国大量尖端测试仪器还主要依赖国外产品，大量科学分析和数据加工处理软件也主要由国外企业研发，乃至许多高质量科学数据库也主要由国外研究机构开发运维。因此，哲学社会科学实验室不仅要根据实验研究的实际需要，科学合理地规划配置科研仪器设备，同时也要探索自主研发、设计改进实验方案与研究手段的可行路径；不能一味跟随西方发达国家哲学社会科学实验研究的最新成果，用同样的设备、同样的手段在中国简单复现实验设计，以产出所谓"与国际接轨"的研究成果。有条件的实验室应当结合研究需要，深入分析应用数字化技术和人工智能手段，对原有实验方案进行优化升级的可能方式；在探索和试错中，不断积累开发具有自主知识产权的算法工具、主题数据库，以及软件操作系统。例如，浙江省高级人民法院、浙江大学、阿里巴巴达摩院2018年签署协议，共同研发"平台化+智能化"的"凤凰智审"产品，探索全流程智能化辅助审批。历经5年时间的开发应用，由浙江大学数字法治实验室参与研发的"智海－录问"法律大模型正式发布，初步具备法律问答、知识检索增强问答、案情分析、意图识别、推理决策、法律文书生成等法律辅助服务功能。[9]

4. 促进实验研究成果产业化应用

围绕产业链部署创新链，是科研机构赋能经济社会发展、发挥创新创业引擎的重要手段。过往哲学社会科学的研究方向偏散、成果偏软，难以找到有效助力经济发展和社会治理的成果转化途径。哲学社会科学实验室应当在主要研究领域内，探索实现成果转化的内部创新机制，将技术研发、成果转化、市场导入和产业化等各链条衔接过程中对人才、成果、资金、信息、管理、中介服务、激励政策等要素进行优化组合与高效配置；将自身具有原创性、实践性的科研成果应用在产业中，孵化成各类创新企业与创新业态。例如，中国美术学院文创设计智造实验室协同智能设计智造产业相关企业，强调智能技术、艺术创作与产业转化的关联，从内容创造、方法创新、价值生产、文化融入、社会协作等方面打造设计创新生态，通过连续5年举办"中国设计智造大奖"评选活动，探索建立全域文化IP营建数据库，促成设计智造协同创新的产业链创新链合作网络，持续提升数字文创设计

智造的公共服务水平。

（三）制定实验室的建设任务

教育部和各省市对于申报哲学社会科学实验室的要求略有不同，但基本上均包含队伍建设、承担课题、研究成果、人才培养、学术交流、社会影响等方面的内容。一些高校和科研机构为了获得实验室授牌，可能会存在评审时"拉大牛"、考核时"凑成果"的变通操作。从实验室长期持续发展来看，这是不对的。实验室需要科学规划这些方面的要求，将其细化落实在年度和中期发展规划之中。

1. 队伍建设

实验室要合理配置人才梯队，吸引熟悉实验研究方法、掌握学术资源的杰出人才担任科研负责人和方向带头人；要避免一味追逐人才"帽子""称号"，更多从研究实际需要和高水平成果产出角度，配置人才资源，组建科研团队；要充分给予中青年人才发展机会，发挥青年教师、博士后的创新能力和探索精神，促进团队内的团结合作与能力互补。

2. 承担课题

实验室要基于主要研究方向，有层次、有规划地申报哲学社会科学和自然科学相关的国家课题和省部级课题。合理协同实验室研究主方向与实验室科研人员个人申报课题的主题；要避免承担课题与实验室研究方向偏差太远，挤占科研时间和精力；要待实验室积累一定前期研究成果后，适时申报重大或系列研究课题，扩大自身在本领域内的学术影响力。

3. 研究成果

实验室应当围绕主要研究方向，组织科研人员持续产出高层次研究论文、高水平学术专著、高质量研究咨政报告、发明专利和计算机软件著作权等成果。一方面，实验室要将可量化的成果指标纳入年度发展规划，作为重要外部评价参考；另一方面，要重视研究成果的质量和实际贡献，避免一味追逐研究热点、研究主题零散，以至难以形成学术沉淀。实验室要平衡学术研究和实践应用之间的关系，扎实产出具有示范价值的哲学社会科学实验研究成果，争取在各级成果评奖中获得荣誉。

4. 人才培养

高校哲学社会科学实验室须重视发挥复合型专业人才培养的职能，通过研究生培养、专业实训课、寒暑期培训班等多种形式为全日制学生和在职人员提供学习实验研究方法和提升文理交叉科研能力的机会。非高校的实验室也可以通过与高校合作，建立合作实训基地，通过专业实习和驻访交流等多种形式，为在校学生和青年学者提供学习实践岗位。

5. 学术交流

实验室要举办高端学术论坛、主题研究工作坊、数据开放创新应用大赛等形式多样的学术交流活动，积极传播哲学社会科学领域实验研究的新思想、新理论、新范式；广泛参与国际性学术活动，积极介入国际学术共同体建设，发出中国声音、传播中国智慧。

6. 社会影响

实验室要积极参与本领域相关公共政策制定，为社会治理和经济

发展提供科学可靠的决策咨询成果；结合实验研究主题，开展形式多样的哲学社会科学知识普及活动，面向公众介绍实验室的主要研究议题和研究成果，提升哲学社会科学实验室和哲学社会科学实验研究的社会认知度。

第二节

聚焦实验研究科学问题

一、科学问题的内涵与价值

科学问题对于促进科学发展具有根本性的影响。爱因斯坦在评价伽利略对于光速研究的贡献时提道："提出一个问题往往比解决一个问题更重要，因为解决一个问题也许仅是一个数学上的或实验上的技能而已。而提出新的问题、新的可能性，从新的角度去看旧的问题，却需要有创造性的想象力。"[10]对于哲学社会科学实验室而言，提出关键科学问题，是决定实验室主要研究方向、推动有组织的科研，乃至体现实验室发展使命的重要环节。如何理解科学问题在理论与实践发展中的关键作用、把握哲学社会科学实验研究科学问题的特点，是凝练实验室关键科学问题的基础。

（一）科学问题的定义与实践逻辑

所谓科学问题，是指一定时代的科学工作者基于当时的知识背景发现和提出的关于科学知识体系内和科学实践中需要解决而又未能解决的矛盾。[11]科学问题通常具有原创、前沿、需求、交叉等四类属性。

从科学发展的阶段来看，科学问题与既有理论和技术实践有直接关联。托马斯·库恩在《科学革命的结构》中将科学活动的过程区分为常规科学时期和科学革命时期。科学问题的特征在这两个时期内有非常明显的差异。

在常规科学时期，科学问题主要包括实验问题和理论问题。实验问题主要服务于确定范式所预见的科学事实的范围、测量理论与事实一致程度、确定某些常数和定律规律、测试范式的应用范围；理论问题则包括不断完善现存理论去预测具有内在价值的事实信息、以提升理论与事实的一致程度为目的持续完善理论的精确性，以及重新阐述理论，消除理论范式中的含混不清之处。[12]

在科学革命时期，实验研究发现了超出旧有常规科学范式预期结果的"新颖的事实"。为了解决理论与事实不一致的反常问题，理论研究一般先会将反常问题看作观察与理论一致需要解决的谜题。而当越来越多的反例出现，理论研究就会开始尝试对原有理论范式做一些特殊修正和改动，而不是推翻旧的常规范式。当反常问题终于引起科学危机的时候，"新颖的理论"通过竞争和选择，被认为能够被实验研究证明更能解释包括反常问题在内的各类事实时，才能成为广为接受的新范式，开启新的常规科学时期。[13]

根据库恩对于科学革命结构的图式，实验研究与理论研究互相促进，螺旋上升。在发现问题、界定问题、综合问题、解决问题、验证问题的各个环节之中，好的科学问题始终需要实验与理论的相互印证。对哲学社会科学而言，好的科学问题不仅应该符合学科逻辑，也应该符合实践逻辑。一方面它需要基于本学科体系的基础概念，结合理论演绎产生一系列现有理论尚待进一步阐述的问题；另一方面它也应当不断从实践中发现问题、检验问题，即从社会事实和已有理论的矛盾、现有手段难以满足社会需要的矛盾中去发现问题，通过实验与观察等实践手段去检验理论范式的实际适用性。[14]

（二）社会科学问题的复杂性与渐进性

科学方法论主张用最少的独立假设和公理、简单明晰的初始概念和最直接的关系来建构理论体系。[15]其背后的逻辑基础是自然统一性原则，即自然现象背后的规律不会因测量方法、测量时间和测量主体的不同而发生改变。因此，自然科学实验的主要特点可以概括为简化、纯化、强化和模拟自然过程。简化，即收敛自然现象内复杂的相关因素，提出独立明晰的因果关系；纯化，即改善实验条件，去除干扰因素，突出研究的核心目标；强化，即增强核心变量的影响，观察超常条件下由核心变量产生的特异反应；模拟，即在难以重复或不可重复的条件下，对选定的物理系统或抽象系统的关键特性进行虚拟，对系统内部的交互作用和运行规律进行实验研究。

社会科学实验会面临必然性和可重复性缺失的挑战。首先，社会科学的研究对象是否符合不以人的意志为转移的客观规律，仍然存在较大争议。许多社会现象背后的机理更多是来自社会规范与社会共识的控制影响，是一种共同选择和行动，而非放之四海而皆准的普遍规律。其次，社会科学研究难以再现完全相同的实验条件，不具备提供可重复性实验的环境。大到文明，小到场景，作为被观察的社会现象

很可能表现出不同的价值取向与行为规律，无法简单地对科学问题所关注的核心变量进行提纯和强化。

那是否意味着，通过社会科学实验回答科学问题，完全不可行？答案是否定的。卡尔·波普认为社会科学实验同样可以通过使用"渐进技术"，即从问题开始，提出理论和假设，通过批判检验和消除谬误，达到社会改革和改良的目的。[16]波普提出即便在自然科学实验中，完全相同的实验条件也是不可能达成的。更多情况下，研究者是通过找到不会导致两个实验产出不同结果的"相似条件"来进行实验研究，而不是先验地判断其相异或相似，再来判定其是否与再现实验相关。[17]

哲学社会科学各领域的发展情况与库恩所谓的"常态科学"有差异。在某些学科领域，个别定律和假设已经成为学术共同体共识通用的理论范式，实验研究的科学问题主要是验证和拓展既有理论的实践应用。然而在更多学科领域，学术共同体只是分享了一些公认的概念范畴、理论逻辑，较少有通用的理论范式与核心假设。这就要求该领域的科学问题必须始终与实践紧密关照，处于"实践、认知、再实践、再认知"的循环往复过程中。[18]这就要求哲学社会科学必需"回到实践"中去寻找、提炼科学问题。

（三）科学问题对有组织科研的指导价值

哲学社会科学实验室是多学科、跨学科的实体科研组织，明确科学问题在科研战略规划、组织体系建设、科研管理制度等方面，均发挥着推动科研组织模式创新、开展有组织科研的积极作用。

1. 有利于精准对接外部需求，提升战略规划水平

哲学社会科学实验室制定科研战略规划不仅要向内协调各学科特长，谋划顶层设计，更需要面向外部重大需求，提炼科学问题，打造科研核心竞争力。科学问题的谋划是主动响应国家与区域战略需求，全面进行科研产品分析，结合自身优势，系统布局有组织科研重点方向和关键领域的重要手段。

2. 有助于优化科研组织体系建设，提升科研资源配置效率

当前各类科研实体机构中大多面临资源配置效率不高、资源共享不足、重大科研项目得不到长期支持的问题。[19]明确围绕跨学科研究的科学问题，能够有效避免"拼盘式"的跨学科组合模式，形成高效协同的创新组织模式，化解学科知识分化和研究问题综合复杂产生的矛盾。

3. 有助于跨学科团队协同，执行重大科研项目

现有科研管理体系下，不同职级高校教师或科研人员都可能兼有从事研究和开展教学的职能。实验室每一位研究人员都可能有自身的研究兴趣和研究方向。如果没有重大、深远的科学问题加以牵引，不同研究人员反而更容易从事项目小、经费少，但容易产出成果、对个人短期发展有利的分散课题研究。明确科学问题更有利于形成创新群体，统一配置重大科研仪器，执行重点研发任务，推动在团队内部形成更公平合理的学术优先度评价、资源分配依据和绩效考核指标，从而带动跨学科团队合作走深走实。

4. 有助于形成真正面向重大需求的激励评价制度

当前科研评价仍主要以论文、奖项、"帽子"等为指标，评价个人和团队在学科领域中的研究水平。在科学问题凝练过程中明确服务国家和区域的重大需求，能够推动哲学社会科学实验室真正成为实施有组织科研的载体。我们应以研究成果的实际应用价值和贡献评价科研水平，从而带动个人和团队积极解决经济社会发展中的急难愁盼问题。

二、凝练符合实验研究需要的科学问题

哲学社会科学实验室所涉及的科学问题，至少包含三个层次的子问题：一是什么是好的科学问题；二是哪些是适合哲学社会科学实验室研究的科学问题；三是如何提出适合哲学社会科学实验室研究的科学问题。以下就结合哲学社会科学实验室发展的实际需要，简要分析这三个方面。

（一）如何评估科学问题的优劣

对于个体研究者而言，好的研究问题通常来源于自己在既往研究中和该领域实际工作中的观察和体会。经验对于提出好的研究问题非常关键。全新的视角可能会产出解决老问题的新方法，但缺乏经验会让科学问题变得驴唇不对马嘴。

要提出好的科学问题，研究者首先需要大量阅读和掌握该领域的文献，参与相关主题的研讨会，建立与该领域专家的联系；其次需要

尝试运用新见解和新技术，例如把一个领域的新概念或发现应用到另一个领域的问题中；再次需要持续细致的观察，以及与同行进行讨论；最后需要获得不同学科导师的支持，以获取研究所需的各种有形资源。

借用史蒂芬·B.赫利（Stephen B.Hulley）等在《临床研究设计》一书中提出的FINER分析框架，好的科学问题应该满足以下条件。

（1）可行性（feasible）：充足的研究对象，充分的专业技术，可负担的时间和经费，可控的范围。

（2）引人产生兴趣（interesting）：能够激发人们寻找问题答案的兴趣。

（3）有新意（novel）：能够证实、反驳或扩展先前的发现，或者提供新的发现。

（4）符合伦理（ethical）：经受得起机构审查委员会的伦理审查。

（5）与学界和公众相关（relevant）：与科学知识生产相关，或与未来研究相关。[20]

总体而言，科学问题需要与不同学科具体的理论和实践进展相关联。但无论好坏，科学问题至少应该是一个有待解答的问题，而不是采用何种方法、从事某方面研究等笼统的研究方向或研究领域。有些实验室会认为过于细节具体的科学问题更适合一个研究项目或一篇论文。事实上，某些关键性科学问题恰恰能够提升实验研究的理论水平。一些重要的科学问题，甚至能够分解为或平行或序列的子问题研究，完全能够支撑起实验室的主要研究内容。

（二）哲学社会科学实验室适合研究哪类科学问题

过去科学研究经常被划分为基础研究和应用研究两类。基础研究的目的被认为是拓展对世界的基本认知，而应用研究被认为直接面向个人、团体或社会的需求。然而美国学者唐纳德·司托克斯（Donald Stokes）列举了法国科学家路易斯·巴斯德（Louis Pasteur）和美国曼哈顿计划的例子，指出科研过程中基础研究和应用研究的目的是可以并存的，并在他的科学研究的象限模型中，专门画出了既追求基本认识又考虑应用的"巴斯德象限"，即应用引起的基础研究。[21]考虑到科学认识和技术知识在动态发展过程中相互作用、互为促进的真实效果，司托克斯进一步提出了基础科学与技术创新的双轨道模型图（图3.1）。

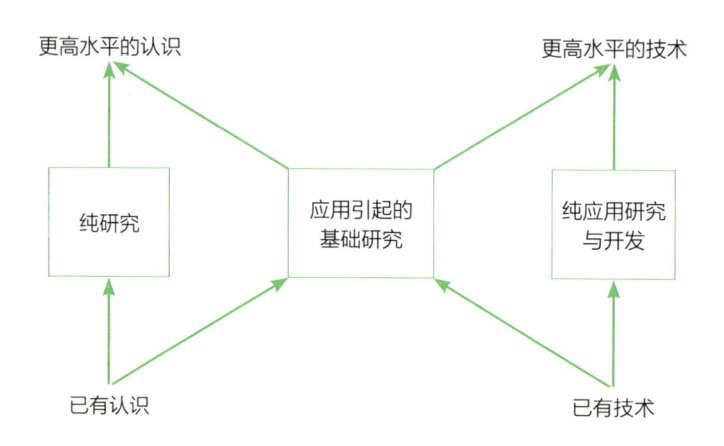

图3.1 基础研究与应用研究发展的动态模型

坚持面向国家重大需求，是习近平总书记指明科技创新的"四个面向"之一。从2018年起，国家自然科学基金委开始设立"联合基金"项目，与有关部门、地方政府和企业共同投入经费设立联合基金项目，旨在发挥科学基金的导向作用，引导与整合社会资源投入基础研究，促进有关部门、企业、地区与高等学校和科学研究机构的合作，培养科学与技术人才，推动我国相关领域、行业、区域自主创新能力的提升。[22]联合基金的独特性体现在聚焦区域、企业与行业发展中的关键科学问题和关键技术领域中的核心科学问题，资助开展目标导向型的基础研究。[23]联合基金的设立与运行，产出了一大批具有前瞻性、引领性应用导向的基础研究成果，实现了从理论研究向原创应用的贯通，促进了我国经济社会的高质量发展。

哲学社会科学实验室也可以参考巴斯德模式，在科学问题设定上把基础理论研究与应用研究结合起来，产出具有理论自觉和实践关怀的研究成果。具体来说，一是要避免以西方理论裁剪中国实践，要认识到西方的理论、概念和方法具有其产生的具体历史情境，在提出理论问题时要紧密结合现实需求，生成符合中国实践的新概念、新学说；二是要将理论问题的研究基础扎根于中国实践之上，不迷茫于文献和学术潮流之中，紧密结合中国经济社会发展的"本质性"特征与脉络；三是不断提升从实践中抽象理论的能力，在时代巨变中坚定理论创新的信心，在实践悖论中寻找新的理论增长点，增强服务实践、引领实践的理论自觉。因此，哲学社会科学实验室一方面需要特别重视中国式现代化过程中乡村振兴、共同富裕、城乡融合等伟大实践，直面理论与现实之间的张力，凝练符合时代特征的社会科学问题；另一方面需要持续深入对接政府部门、企业、基层群众，了解他们的真实困惑与需求，以产出对实践具有引领价值的新理论和指导服务价值的新技术。唯有这样，哲学社会科学的实验研究才能真正扎根中国式现代化的伟大实践，打开理论创新和应用服务的通道。

（三）实验室提出科学问题的具体步骤

近年来，在国家自然科学基金、国家社会科学基金项目的立项、评审和执行过程中，基础研究服务国家重大战略需求的作用越来越突出。同样的，哲学社会科学实验室所研究的科学问题，更多应该是有组织的创新，而非仅仅出于好奇心的自由探索。以下是初步提炼出的实验室凝练面向国家重大需求科学问题的五个步骤。

第一步，摸清家底。对所在大学和科研机构相关领域的人才结构、前期研究、重要研究资源进行全面盘点，在研究机构内部广泛征求关于重大研究方向和研究选题的建议，从中筛选出具有独特优势和发展潜力的研究方向和研究领域。

第二步，对接需求。依托专业知识，主动对接需求部门；通过学科调研、政府沟通、企业拜访等形式，广泛收集同类学术机构、地方政府部门、相关企业对该研究方向和研究领域的实际需求，从服务国家重大战略需求、服务地方经济社会发展、面向国际研究前沿的角度，把学者关注的理论研究问题与需求部门的现实应用问题结合起来，初步凝练关键科学问题。

第三步，专家研讨。组织相关领域科学家和需求部门专家召开选题研讨会；可以参考国家自然科学基金委"双清论坛"的组织形式，围绕科学问题相关专题进行讨论，明晰对社会科学研究前沿和国家发展战略需求的深层次科学问题、学科交叉与综合的重大基础科学问题的理解；发扬民主作风，汇聚多方智慧，进一步凝练科学问题，明确所要关注的关键要素、难点和瓶颈，谋划面向重大需求的核心研究路径。

第四步，顶层设计。坚持抓准关键切口，实现有限目标；在关键科学问题之下，进一步谋划设计具有内在逻辑的次一级研究问题，形成具体的研究项目，部署相应研究计划并确定研究目标；充分发挥哲学社会科学实验室平台载体的作用，在研究机构内外，广泛整合开展相应科学问题研究所需的人才、项目和设施等资源；不仅要保证提出好问题，也要保证做出好研究。

第五步，动态评估。整合实验室学术委员会专家和外部顾问成立指导小组，利用实验室项目启动会、年度交流会、结题审查会等日常学术管理活动，帮助实验室动态评估科学问题的研究进展情况，指导研究团队在研究过程中不偏题、不跑题；对于确实存在实施难度，或者研究方向、研究手段出现较大变化的科学问题，可以根据实际研究过程中取得的研究进展，对科学问题进行适度调整。

归根到底，凝练实验室的关键科学问题，不止是为了在实验室申报书中能够有引起评审专家兴趣的新颖问题，也为了能够在实验室的科研组织方面产生真正的指导价值。在评价研究成果时，实验室也需要将成果的主题与实验室的关键科学问题进行对照，确认两者的确存在理论或应用方面的内在一致性。

哲学社会科学实验室可以围绕关键科学问题，形成结构更加扁

平、边界更加模糊，但仍然是实体化运作的新型科研组织模式。一些广受关注的科学问题，可以通过共享平台以及众包等多系统并行方式，由全职实验室科研人员、兼职专家，乃至志愿者一起进行资料的收集整理和多领域知识的生产。因此，在保障知识产权和公平认可每位参与者贡献的前提下，部分实验室可以探索更为开放的平台化科研组织模式，打造社会科学研究的开源社区，进一步促进实验室研究的科学问题与经济社会需求的对接，提升实验室的公众知晓度与科研参与度。

第三节

设计实验研究方法路径

一、实验研究的概念、特点及实施步骤

（一）实验：定义

教科书和经典文献给实验总结出了很多明确定义。我们使用的定义与其他从事相关研究的学者采纳的观点相一致。实验被普遍认为是一种探究方法，研究者能够控制感兴趣的现象，并设定条件来观察和测量这些现象。[24]实验与其他研究方法的区别，并不是实验与假设或理论的逻辑关系。实验的不同在于研究者决定了要在研究中对条件进行控制，并对所要发生的变化进行精确的测量，确定干预对被试表现的因果效应。[25]在非实验条件下识别因果关系并非易事，研究者通常需要收集大量自然数据，并运用复杂的统计方法和计量模型（如格兰杰因果关系检验、工具变量法、双重差分模型等）来验证变量之间的因果关系。

实验法在自然科学领域得到了较为理想的应用，在社会科学研究中，为了获得更可靠的因果关系推断，实验法逐渐成为备受关注的选择。奥古斯特·孔德（Auguste Comte）将实验法和其他实证研究

• 125

方法引入社会科学研究。费希尔（Fisher）、内曼（Neyman）、皮尔逊（Pearson）、鲁宾（Rubin）等统计学者的研究为实验设计和样本选取提供了基本的思路和方法。其中，费希尔引入随机性的概念，强调了实验设计中的三个关键要素——复制、干扰和随机性，并发展了方差分析法、最大似然估计。[26]内曼在实验设计中引入区组设计的概念，将实验对象分为若干块（区组），以减少外部变异因素的影响，增强实验结果的可靠性。同时他提出了置信区间的概念，用于估计总体参数，并强调统计推断的逻辑和方法。费希尔和皮尔逊一起发展了抽样理论，提出了显著性检验的概念，强调在假设检验中的显著性水平和功效，这为统计假设检验提供了理论基础。[27]内曼和鲁宾提出了因果推断的重要理论——鲁宾因果模型（Rubin Causality Model, RCM），这一模型被引入社会科学后，很快就成为进行因果关系研究的基础性理论。阿尔比恩·W. 斯莫尔（Albion W. Small）以及其他学者逐步确立了社会科学实验的研究方向：引用自然科学的术语和方法，将观察研究对象的自然演变视为一种实验过程，研究者通过观察和记录这种演变过程，获取可进行比较分析的数据，以更好地理解社会是如何运作的。[28]约翰·杜威（John Dewey）则进一步发展出"实验主义"哲学，强调通过实际行动和实验来解决问题，这种方法包括观察、假设、推理、测试和评价等步骤。[29]卡尔·波普尔（Karl Popper）主张实验是一种检验和验证科学理论或假说的方法，其目的是发现真理。[30]他提出了"反证法则"，认为一个科学理论必须具有可证伪性，即存在能够反驳该理论的实验结果。

（二）实验研究的基本原理和分类

实验研究是一种控制条件下的实证研究，包括三个核心要点：一是确定自变量和因变量，通过控制环境中的因素，研究者能够准确地确定哪种因素对观察结果产生了影响；二是控制条件，研究者需要识别出关键因素，然后有针对性地引入或排除这些因素，以便更准确地研究观察结果；三是观察和测量，实验依赖于对变化进行的细致的实证观察，这些变化由潜在相关因素的引入而产生，同时也包含对被观察到的变化进行精确的测量。这三个方面共同构成了实验方法的核心原则和流程。通过确定变量、控制条件和观察测量，实验方法可以帮助研究者借助实践中的人为干预将偶然的、次要的因素分离，从而推断出确定的因果作用路径。[31]实验的设计和执行仍需考虑欺骗和伦理问题、样本选择、实验环境、相关变量的控制等，以确保研究的可靠性和有效性。

实验方法的分类并没有一个统一的标准，不同的学科和领域可能有不同的分类方式和侧重点。唐纳德·T. 坎贝尔（Donald T. Campbell）和朱利安·C. 斯坦利（Julian C. Stanley）在（*Donald T Campbell and Julian C Stanley. 2015. Experimental and quasi - experimental designs for research. Ravenio Books*）一书中描述了约16种不同的实验和准实验设计。[32]马修·萨尔加尼克（Matthew Salganik）将实验分为四种类型：实验室模拟实验、实验室数字实验、实地模拟实验、实地数字实验。[33]我们根据这些实验的变体，将实验研究分为田野实验、实验室实验、调查实验、自然实验、准实验、人工智能社会实验、互联网社会科学实验、计算实验等[34]-[35]，并且通过五个维度对不同的实验方法进行区分（表3.1）。

表 3.1　实验方法的分类与比较

类型	被试类型	实验环境	被试知晓实验	研究者干预	外生改变
田野实验	现实世界中的个体或群体	自然环境中或现实情境中	通常知晓实验	一些干预，但尽量保持自然	可能受到自然环境的外部影响，难以控制
实验室实验	可以是学生、志愿者等，通常在实验室中进行	受控的实验室环境	被试可能会知晓或不知晓实验目的	高度控制的干预	较少受到外部环境影响
调查实验	一般是受访者，可能涵盖各种人群	可以是调查问卷或在线调查，不限于实验室或田野	可能知晓实验	一些干预，但通常较少	容易受到外部环境影响
自然实验	已经存在的自然条件或事件	现实环境中	通常知晓他们所处的实际情境，但不一定知晓研究目的	观察自然变化，干预相对较少	高度受到自然条件的影响
准实验	随机抽取的被试	环境可能是实验室、田野或其他	可能知晓或不知晓实验	部分干预，但不具备完全控制	可受到外部环境影响，但较少
人工智能社会实验	随机抽取的个体或群体	人工环境、模拟环境	通常知晓实验	一些干预，但通常较少	容易受到外部环境影响，但较少

续表

类型	被试类型	实验环境	被试知晓实验	研究者干预	外生改变
互联网社会科学实验	在线参与者	在线平台、社交媒体等	通常知晓实验	在线环境中的干预和控制	在线环境下外部影响较少
计算实验	计算机模拟和模型	虚拟环境	通常不知晓实验	模拟中的干预和控制	由模型和模拟参数决定

注：作者根据詹斯·布洛姆汉森（Jens Blom—Hansen）、苏俊、郝龙等相关学者文献资料整理。

（三）实验研究实施步骤

1. 确定因变量和自变量

实验研究的第一步是确定因变量和自变量。在实验中，因变量是研究者感兴趣的主要观察对象，它是研究的结果或响应，依赖于自变量的变化，但因变量的产生的任何变化都不会影响自变量。而自变量则是研究者有意操作的变量，用来观察其对因变量的影响，它的大小、数目、结构、体积或者自身存在的任何属性，不受其他变量的影响。比如研究问题："喝咖啡是否会影响人的注意力水平？"在这个问题中，因变量可以是"注意力水平"，自变量可以是"咖啡的摄入量"。

2. 控制条件

做实验是为了表明因变量（比如注意力水平）由于自变量（比如

咖啡的摄入量）的变化而产生了变化。为了证明这一点，研究者需要确定是由喝咖啡而不是其他因素（比如饮食、运动量等）导致的观测结果，这就需要研究者注意控制类似饮食、运动量等其他可能影响注意力水平的因素，以保证在所有这些因素中，咖啡的摄入量是唯一可能与注意力水平相联系的因素。控制方法的实施步骤包括：①引入新因素。分离某个新因素产生的影响，最直接的方法是在保持其他所有相关因素不变的情况下引入该因素。在这种情况下，研究者才能确定新因素的影响，同时推论出任何观测到的变化都是由新因素引起的。②从实验中排除因素。如果其他因素保持不变，研究者从逻辑上可以推论出任何可观察到的变化都是由这个因素的缺失导致的。③保持因素恒定。在社会科学研究中，大量的相关变量是以属性的形式呈现的，比如收入、体重、年龄等都是不能被排除的属性。我们可以通过保持因素恒定来控制它们。研究者可以设置一定的环境，使被试者具有同样的收入或者体重，所观测的实验结果可以被认为是收入、体重之外的一些因素造成的。④随机选择被试群体。随机选择足够大的群体对象可以保证所有个体属性（如体重、收入等）对整体结果造成的影响趋近于零。⑤使用控制组。确定用于实验的两组群体，随机将群体对象以相同概率分配到不同组内。实验将某个因素引入实验组，对照组则不施加任何人为干预。由于引入了新的因素，实验中再次观察两个组，就可以认为两个组之间的任何不同都是由引入的新因素引起的。

3. 观察与测量

实验研究中的观察与测量是在人为条件（程度或大或小）下进行

操作的。在最简单的实验设计中，首先要对受试者进行因变量测量（前测），然后接受自变量的刺激，之后再对受试者进行因变量测量（后测）。变量前后测之间的差异，可以被视为自变量的影响力。[36]但是需要注意，实验的人为条件可能增加人们在观察中的敏感性，他们的表现可能与平时有差异。实验可以采取措施克服这一点，比如进行隐秘观察或者掩盖实验的真正目的。

二、社会实验类型及示例

（一）实验室实验

实验室实验是在受控的实验室环境中构建反事实对照的因果推断方法。这种实验方法持续时间相对较短，通过严格地控制实验变量来分离潜在因果因素，具有高度的操作可控性和实验可重复性，因为研究者可以精确地操纵和控制实验条件，能够更准确地观察变量之间的因果关系。在自然科学研究中，实验室实验通常可以随机分配（选择并分组）研究对象样本，是一种较为理想的方法。然而，在社会科学领域，研究者面临的情况更加复杂。研究者对实验室实验的效度最常见的评价是，它"具有很高的内部效度，但外部效度很低"。[37]如何尽可能实现近似的随机分组，以减少选择性偏误，成为研究者的主要挑战之一。

案例：米尔格拉姆的服从实验[38]

斯坦利·米尔格拉姆（Stanley Milgram）的服从实验是一项重要的心理学研究，旨在探究人们在权威命令下是否愿意违背自己的道德和良心，服从并执行对他人有害的命令。实验者招募了一些志愿者，告诉他们这是一个观察惩罚行为对学习效果的影响的实验，并让他们扮演"老师"的角色，要求他们在"学习者"回答错误时给予电击，电击开关有30个档位，电压从15伏特到450伏特不等。两种角色分别在隔开的房间里，只能通过话筒沟通。实验中，即使"学习者"开始表示出现疼痛和不适的症状，甚至开始大声呼救，"老师"也会被要求服从权威命令，继续给予电击。然而，实际上，学习者是演员，电击是虚假的，但"老师"不知道这一点。实验结果表明，有62.5%（40人中有25人）的"老师"即使看到"学习者"痛苦不堪，也会在实验中服从权威命令，继续给予电击。

（二）现场实验/田野实验

现场实验又被称为田野实验，它与实验室实验在许多方面有着共同之处，包括研究者所控制的外部干预以及对被试的随机分组处理。现场实验与实验室实验之间唯一的区别在于实验的执行场景。实验室的实验在研究者控制的环境中进行，而现场实验在真实的场景中进行，实验过程更贴近真实世界。[39]田野实验的基本操作方法是从一个总体中随机选取被试样本，然后将被试随机分为控制组和处理组。在保持其他因素不变的情况下，对处理组的被试进行实验处理。随后，对两组被试的数据进行比较，得出最终的因果效应结论。

案例：马歇尔·伯克、所罗门·香和爱德华·米格尔的贫困和犯罪行为实验[40]

马歇尔·伯克、所罗门·香和爱德华·米格尔的贫困和犯罪行为实验是一项关于气候变化、经济发展和内战的跨国研究。这项实验的目的是探索贫困和犯罪之间的因果关系，以及不同的政策干预在减少暴力冲突方面的效果。实验的基本思路是将非洲国家在2000—2012年的自然灾害（如干旱、洪水、热浪等）作为外生变量，研究其如何影响当地的经济发展和社会稳定性。然后，通过收集各国的人口普查、农业统计、卫生调查和暴力事件等方面的数据，来构建一个面板数据模型，分析气候变化对贫困和犯罪的影响。此外，这项实验还考察了不同类型的政策干预（如粮食援助、现金转移、教育项目等）对缓解贫困和犯罪的作用。实验发现：极端气候变化会显著增加贫困和犯罪的风险。政策干预可以有效地减少贫困和犯罪的影响（现金转移可以增加人们的收入和消费能力，改善他们的生活质量和福利；教育项目可以提升人力资本、增加就业机会，减少他们的犯罪风险）。不同类型的政策干预有不同的效果和成本。

（三）自然实验

自然实验指实验中的干预在自然状态下发生，而非由研究者主动操作。自然实验同样包含外生性干预和对被试的随机分组处理。与现场实验和问卷实验不同的是，自然实验中的实验干预并非由研究者主导，而是自然发生或者由行政程序引发。自然实验中的外生干预不是研究者所控制的，实验组和对照组是随机形成的，或者是近似随机形成的，从而避免了人为操作所涉及的伦理或实际问题，因此能够较好地控制内生性问题。自然实验的缺点是，它很难控制其他可能影响结果的变量，也很难重复或验证实验结果。

案例：约翰·斯诺的伦敦霍乱暴发流行病学实验

约翰·斯诺的伦敦霍乱暴发流行病学实验被认为是流行病学和公共卫生领域的重要里程碑之一。1854年，伦敦苏豪区暴发了一场严重的霍乱，造成了数百人的死亡。当时，人们普遍认为霍乱是通过空气中的"瘴气"传播的，而不考虑水源污染的问题。约翰·斯诺认为霍乱是通过被污染的饮用水感染其他人的。为了证明这一假设，斯诺首先收集了苏豪区所有因感染霍乱而死的人的姓名、住址、死亡日期等信息，并绘制了一张地图，标出了每个人的位置和附近的水井。他发现，其中的大多数人都居住在宽街附近，而这里有一口公共水井，它位于泰晤士河下游，且水质受到污染。而没有感染霍乱的人（如啤酒厂工人、远离水井的居民等）都有特殊的饮水源。斯诺还利用统计数据和数学模型，分析了伦敦其他地区不同供应水公司的水质和霍乱死亡率之间的关系，进一步证实了他的理论。斯诺将他的调查结果和理论写成了一份报告，并向当地政府建议关闭这口水井。实验的结果非常显著：随着这口水井的关闭，霍乱得到了有效控制，病例数量迅速下降。

（四）互联网社会科学实验

互联网社会科学实验是一种利用互联网平台和大规模数据进行随

机控制实验，以验证变量间存在因果关系的研究方法。在研究步骤上，互联网实验与传统实验方法相似：首先从特定的研究假设出发，设计相应的实验方案；接着根据研究目标和方案，在合适的互联网平台上编写实验程序并进行选择；然后从选定的互联网平台上获取受试者并随机分组，使用计算机程序或人工方式进行实验控制和干预，同时收集实验数据；接下来对收集到的数据进行预处理，并通过比较前测和后测数据计算刺激变量的平均干预效应及其统计显著性；最后，对实验的内在效度和外在效度进行系统评估，以验证实验结果的可靠性。[41]

案例：2010年美国国会选举中的Facebook动员实验

斯坦福大学和Facebook的研究者合作利用了Facebook这一被广泛使用的社交网络平台，通过发送不同类型的信息来观察选民的投票意愿和行为，以及社交网络中的朋友关系对选民投票意愿的影响。研究者利用Facebook平台，向6100万名美国用户展示了与投票相关的消息，主要分为三种类型。社会信息消息：这种消息包含了一个"我投票了"的按钮，以及用户的一些朋友们投票后的照片；信息消息：这种消息只包含了一个"我投票了"的按钮，没有任何朋友的照片；无消息：这种情况下，用户没有看到任何投票相关的消息，作为实验的对照组，用于与其他两种情况下的效果相比较。研究者通过分析Facebook平台上的数据，以及与美国政府合作获取的选民登记数据，来评估不同类型的消息对选民投票行为的影响。研究发现：社会信息消息比信息消息更有效地提高了选民的投票率。看到社会信息消息的用户比看到信息消息的用户多出了0.39%的投票率，而看到信息消息的用户比没有看到任

何消息的用户多出了0.14%的投票率。研究还发现，看到社会信息消息的用户不仅自己更有可能去投票，还更有可能在Facebook平台上分享自己投票后的照片或状态，从而影响他们的朋友也去投票。而他们的朋友也可能再次传播这种影响，形成一个连锁反应。

（五）人工智能社会实验

人工智能社会实验是利用政府和市场的力量，推动特定人工智能技术在社会治理中广泛应用，并且通过建立实验组和对照组、采用科学抽样和伦理审查等手段，将技术应用过程中产生的广泛影响转化为可测度的内涵明确、概念准确的变量，采用科学的方法对其进行测量和数据处理，形成技术规范、技术标准、政策建议等反馈给技术研发者和政府相关部门，从而推动人工智能技术的良性发展，加快国家治理体系和治理能力现代化的进程。[42]2016年《自然》（*Nature*）中一篇题为《人工智能研究中的盲点》的文章中指出，针对人工智能等新兴技术产生的社会风险的防范，主要依赖于技术研发者和企业对规则和伦理的自觉遵从，或者依靠科学家的主观预测和哲学思辨。然而，对于人工智能技术应用实际落地所带来的真实社会影响的测量和分析仍然是人工智能研究的一个"盲区"。[43]苏俊等学者针对人工智能等变革性新兴技术给人类社会运转模式、行为轨迹、社会网络、心理动态造成的综合影响，提出了长周期、跨领域、多学科人工智能社会实验的研究方法。[44]

目前中国科学技术部已经批准设立了多个新一代人工智能开放创

新平台和新一代人工智能创新发展试验区，并把开展人工智能社会实验作为各试验区的主要任务。中央网信办、国家卫健委等多个部门围绕城市治理、教育、养老、环境保护和医疗等多个领域，在全国建立了多个人工智能社会实验点。2021年9月，根据《关于国家智能社会治理实验基地入选名单的公示》，全国设立了一批智能社会治理实验基地，开展智能社会治理的理念和工具研究。

（六）计算实验

计算实验是一种基于计算机模拟和仿真技术进行的实验方法，旨在通过模拟现实世界的复杂过程和现象，研究和分析各种因素之间的相互作用、影响以及可能的结果。[45]王飞跃等学者发展了计算实验方法的基本思想、概念和方法，为计算实验快速发展与跨学科应用提供支撑。计算实验通常用于那些在现实中难以直接观察和控制的情境，或者应用于预测未来事件或探索假设情境，比如战争模拟系统、社会网络分析、城市交通流模拟和气象预测等。[46]与实物实验相比，计算实验可以处理大量的数据，分析多种参数和情况，探索不易观察或实现的现象或过程，并提出有效的解决和预测方案；可以精确可控地设置环境参数和触发事件，准确再现各种场景作为系统的运行环境；可以采用不同的计算方法和工具，如数值模拟、代理模型、系统动力学、人工神经网络等，设计计算模型的结构和逻辑，确定模型的输入和输出，以及模型的验证和评估方法；可以设置不同的实验场景，并进行敏感性分析或优化分析。

三、哲学社会科学实验室开展实验研究的策略

实验法是探究因果关系的首要工具，特别适用于范围有限、界定明确的概念、假设的检验。一些社会科学家认为，实验法是研究中最科学可信的方法。但是与其他任何研究方法一样，不同类型的实验法既有优势也有缺陷，实验法的主要优点在于可以把实验变量的影响分离出来，设置实验时节约时间和经济成本，可以运用同样的过程进行重复实验。缺点在于实验虽然创设了与真实环境相当的实验环境，在真实环境中却未必发生，有欺骗性且存在伦理问题等。哲学社会科学实验室在对实验法进行选择时，要充分考虑到不同实验法的特点对不同研究目的和研究问题的适用性。比如，实验室实验虽然能够实现更严格的实验控制，在对真实情境的抽象方面却面临挑战。现场实验可以更好地应用于现实环境下的实验设计，但实验的实际控制较为复杂。互联网社会实验则能够借助互联网平台和大规模数据进行研究，突破了传统社会科学中实验方法在时间上的约束，但在技术门槛、控制难度、伦理问题和可重复性方面面临挑战。

社会现象和问题通常具有复杂性、多样性和动态性，单一的实验方法往往难以充分捕捉或反映其本质和特征。传统社会科学研究使用的方法描述和解释了人类行为通常处于三角互证难的境地的原因：研究者需要在可靠性、效度和普遍性三个方面做出权衡和取舍，这三个方面往往难以同时达到最优。如果直接在真实社会环境中进行实验，成本往往过于高昂且实施周期非常漫长。社会－物理－信息（cyber－physical－social systems, CPSS）三元融合的复杂系统的

出现，大数据、人工智能、互联网、元宇宙等新兴技术的发展，既向传统的实验方法论提出了挑战，又为新学科发展及其方法论突破准备了条件。相较于传统实验方法，计算实验方法通过改变内外部因素的组合方式，结合实验室实验的严格控制和过程数据以及实地实验更加多样化的参与者和更自然的实验环境，可以生成各种各样的实验环境（包括现实场景和从未发生过的虚拟场景）。对不同因素在系统演化中的作用进行全面、准确、及时、量化的分析评估，甚至可以对系统演化进行各种压力实验以及极限实验，这使得研究者更容易突破哲学社会科研究对象无法实验的限制，探索哲学社会科学研究的"可检验性""可证伪性"，并找到有效的干预措施。因此，建设哲学社会科学实验室要突出实验研究逻辑，既要清楚认识多种传统实验方法的优势和局限，也要不断与仿真、计算社会科学、大数据技术等前沿理论和方法相结合，以扩大实验研究的应用领域，助力哲学社会科学研究的范式更新、方法创新和技术革新。正如伽利略利用望远镜作为关键的观察工具最终获得对物质世界更深刻、更真实的理解一样，田野实验、实验室实验、调查实验、自动信息提取系统、社交网络分析、社会地理信息系统、复杂性建模和社会仿真模型等都是当代社会科学家必须关注的研究方法和工具。

第四节

实验装备平台与基础设施建设

一、实验装备平台与基础设施的一般定义和建设要求

(一)实验装备平台与基础设施的一般定义

实验仪器设备、装置平台等科研基础设施是实验室建设的基础和核心,是开展科学研究工作的重要保障,是提高科研效率和生产力的重要手段,也是促进科研创新和突破的重要推力。[47]-[48]在科学研究范式正深入变革的大背景下,科学前沿的革命性突破、科技创新、产业发展,以及国际科技的竞争合作越来越依赖于先进的科研仪器和基础设施的支撑。[49]先进的科研基础设施不仅能够提高实验室的竞争力和声誉,还是吸引优秀科研人员和合作伙伴的重要资本。[50]

实验装备平台与基础设施暂无官方定义,学术界亦无统一定义。一般而言,实验装备平台和基础设施应包含为科学研究和实验目的而建立的一系列设施、设备以及其他资源,包括各类用于科研的仪器设备,软件系统平台,实验室、实验台、供水、供电、通风等基础设施及其他学术资源等。其中,实验装备平台通常包括用于进行科学实验和研究的各种实验设备、仪器和工具,如光谱仪、显微镜、质谱仪、

核磁共振仪、实验室反应釜和分析仪器等；基础设施通常指的是实验室、设备房、工作台、实验台、供电系统、供水系统、通风系统及安全设施、防护设备和紧急救援系统等；其他资源通常包括各类软件、数据库、系统、平台及学术文献检索资源等。

不同学科和领域的实验室的装备平台与基础设施建设特点不同，需求不同，应根据实验室科研需求和战略目标进行科研基础设施建设。如化学类实验室可能涉及危险化学品，需要配备安全柜、实验室通风系统等以确保实验安全；社会学类实验室为研究社会现象和人类行为，可能需要配备录音、视频设备、脑电图和生理传感器等行为科学实验设备；艺术与设计类实验室通常强调艺术性、创造性，除绘画、雕塑、摄影和3D打印设备等基础设备外，还需提供各类创意空间，用于学生和艺术家的创作和实验。

（二）实验装备平台与基础设施的建设要求

本小节详细梳理了教育部社科司及11个已启动省级哲学社会科学重点实验室试点建设工作的省（市）[1]对哲学社会科学实验室科研设施等基础条件建设的要求，旨在为拟申请哲学社会科学实验室的单位提供参考。

对比发现，在11个已启动省级哲学社会科学实验室试点建设工作

---

[1] 11个已启动省级哲学社会科学重点实验室试点建设工作的省（市）指的是浙江省、安徽省、广东省、海南省、重庆市、四川省、贵州省、河南省、黑龙江省、吉林省、辽宁省。

的省（市）中，除广东和贵州两省外，其余9省（市）对申报机构关于实验设施等基础条件的要求与教育部社科司要求基本一致，可总结归纳为以下三点：一是原则上应为实体研究机构；二是需要具有满足研究需求的海量数据资源，能够自主设计开发建设相关数据库和应用软件；三是要求申报机构需具备良好的办公条件、科研实验条件和基础保障条件，具备充足且先进适用的实验仪器设备、完善的配套设施及相应的实验环境。

此外，上述9省（市）与教育部社科司在哲学社会科学实验室申报书中关于实验设施等基础条件方面要求填报的内容均包含以下六点：一是最能体现实验室研究特色的主要实验设备情况；二是实验应用软件（含购买和自主开发的软件）情况；三是自主开发数据库情况（含数据量说明）；四是采购数据库情况（含数据量说明）；五是实验室对外开放共享情况；六是系统及数据安全管理情况。

与自然科学实验室的申报要求不同，哲学社会科学实验室明确将数据库建设和应用软件开发列为申报条件之一，在很大程度上反映了数据库和应用软件等"软基建"在哲学社会科学实验室的建设过程中的重要地位。[51]随着大数据时代的到来，数据库的建设和利用将成为实验室发展的关键驱动力。首先，数据库的建设是实验室发展的基础，随着社会和科学领域数据量的快速增长，哲学社会科学实验室需要建立高效、安全、可靠的数据管理系统来存储和处理这些海量数据；其次，对数据资源的利用是实验室发展的关键环节，数据不仅是研究结论的支撑材料，还是推动研究深入和理论发展的重要动力，哲学社会科学研究需要充分利用数据资源拓展研究领域、深化研究内容。与此同时，在大数据时代，哲学社会科学研究将面临复杂的计算需求和大数据处理挑战，计算算力和高性能计算能力的建设也将成为哲学社会科学实验室建设的重点方向。

二、实验装备平台与基础设施建设的主要内容

（一）科研仪器设备建设

科研仪器设备是实验室开展科学研究、技术开发等工作的重要物质条件。我国哲学社会科学实验室通常会基于自身研究方向及目标，采购能够满足科研需求的科研仪器设备。

以上海交通大学数字化管理决策实验室为例，该实验室专注于研究"行为认知与经济管理"等科学问题，引入了近红外、生理、眼动、脑电、行为观察及虚拟现实系统等多种设备和软件。具体包括近红外脑功能成像系统、多通道无线生理记录分析系统、眼镜式眼动追踪系统、桌面式眼动追踪系统、无线干电极系统、经颅电刺激仪、行为观察记录分析系统、手指运动轨迹跟踪系统、认知评测系统、沉浸式虚拟现实VR大屏交互显示系统、沉浸式虚拟现实VR小组协同交互显示平台、VR眼动仪系统、动作捕捉分析系统，以及10台高性能计算机，同时配备显示设备、音频设备、隔离设施、独立影像采集等，满足了师生对人类经济和社会行为的研究需求。

而中山大学大数据管理行为与决策实验室主要面向大数据，采用

人工智能等数智技术研究企业行为与决策，对数据处理和计算算力的要求较高，因此该实验室采购了一批包含高性能服务器、图形工作站、智能计算服务器等在内的科研设备，研究人员可依托高性能GPU服务器、本地存储、图形工作站组建智能计算平台，进行深度学习、构建知识图谱、数据挖掘研究和教学研究。

（二）应用软件建设

应用软件建设在哲学社会科学实验室建设中扮演着不可或缺的角色，它为哲学社会科学研究提供强大的工具和平台，对于推动研究的深入发展和取得突破性成果至关重要。目前，我国大部分哲学社会科学实验室已充分认识到应用软件建设的重要性，通常会根据自身的研究需求和条件，综合自主开发及外部购买这两种方式完善实验室应用软件建设。

清华大学计算社会科学与国家治理实验室自主开发了包含民间借贷智能化辅助办案平台、民间借贷裁判规则库、民间借贷类案推荐系统、热点案件和民生案件审判智能辅助平台在内的智能法治平台以及面向政府的一体化监管平台、政务新媒体辅助决策平台等；购买了包含NVivov12 Plus、ArcGIS pro v2.1、SPSS在内的数据处理与分析软件。

浙江大学艺术与考古图像数据实验室围绕艺术考古与图像数据的采集、处理、分析与应用，开展了跨媒体智能、视觉知识、虚拟现实、可视化、三维视觉等理论与方法的研究，研制了"中国历代绘画大系"、敦煌壁画修复模拟、石窟寺数字化等大平台。

上海交通大学数字化管理决策实验室围绕物流智能化，自主研发了整车物流智能调度系统，创制了整车物流智能优化算法引擎，在此基础上深度集成仓库管理系统与整车运输管理系统，解决了多目标、多约束、多场景与大规模复杂环境下人工调度效率低、精度低全局性差的业内难题，显著提升物流运作效率，取得重要经济与社会效益，目前该系统成果已在风神物流等国家重点企业进行推广应用，得到上汽、一汽、北汽、顺丰等领军企业的积极响应，为我国发展算法驱动的物流智能化树立可借鉴途径，对推动智能物流与智能制造进步起到了引领和示范作用。

（三）数据库建设

我国哲学社会科学实验室在数据库建设方面呈现出多元化、专业化和信息化的特点[52]-[55]。各大高校、研究机构中的哲学社会科学实验室在各自研究领域中积极推进数据库建设，致力于整合各类数据资源，为学术研究、社会治理和决策咨询等领域提供了重要支持，同时也推动了计算社会科学领域的不断发展和创新。我国哲学社会科学实验室在数据库建设方面取得了令人瞩目的进展，涵盖政务、舆情、金融、经济等多个领域，为科研人员和学者提供了丰富的数据和先进的信息技术手段，大幅提升数据处理和分析速度，更好地挖掘数据的价值。

我国的哲学社会科学实验室在数据库建设方面呈现多元化特点，涵盖政务、金融、经济等不同领域、类型和来源的数据。[56]清华大学计算社会科学与国家治理实验室在政务数据库方面积极布局，涵盖了多个重要数据源，包括北京市大数据平台、法律文书数据库、微观数据和大规模城市行为数据与时空知识图谱（FIB-Lab）。同时，上海交通大学数字化管理决策实验室拥有丰富的数据库资源，覆盖了金融、经济、企业、市场等多个领域的数据，包括Choice金融终端、万得金融终端（Wind）、同花顺金融数据终端（iFinD）和彭博数据终端（Bloomberg）等，这些资源涵盖了全球范围的经济和金融数据。此外，西安交通大学系统行为与管理实验室作为一个开放合作、交叉融合的数字化实验平台及数据库平台，依托管理学院管理科学与工程、工商管理两个一流学科，整合了多学科的数据资源和研究方向，涵盖了管理、经济、工程、社科等多个领域的数据。这些数据库和平台被广泛用于研究系统行为和管理科学问题，为企业管理和社会治理提供数字化的解决方案。通过多元化的数据库建设，我国计算社会科学实验室为学术研究、社会治理和决策咨询等提供了丰富的数据支持，推动了计算社会科学领域的发展和创新。

我国哲学社会科学实验室在数据库建设方面已经呈现出专业化特点，构建了特定领域的专题数据集或数据库。[57]清华大学计算社会科学与国家治理实验室拥有丰富的专题数据集，涵盖了多个领域，包括司法裁判、网络问政数据、行政许可和行政处罚等。中国传媒大学国家舆情实验室则专注于舆论监测、调查、分析、预警和报告，构建了先进的舆情监测系统和丰富的舆论数据库。该实验室还提供定制咨询服务，为政府和企业了解公众舆论和社会心态提供有价值的信息。

此外，对外经济贸易大学全球价值链研究院专注于全球价值链和贸易增加值的研究，并建设了UIBE GVC指标体系和中华人民共和国商务部全球价值链与中国贸易增加值核算数据库，这些数据库资源为全球经济研究和贸易政策制定提供了重要支持。通过不同实验室的专业化数据库建设，我国在哲学社会科学领域拥有丰富的数据资源，为相关研究和决策提供了有力支撑。

我国哲学社会科学实验室在数据库建设方面已经呈现出信息化特点，广泛开发并采用先进的信息技术工具，以实现高效数据处理和分析。[58]－[59]实验室广泛应用先进的信息技术，使得数据处理和分析速度大幅提升，从而更好地挖掘数据的价值。清华大学计算社会科学与国家治理实验室的舆情媒体数据库包含了彭博数据终端和方正智思舆情等专业工具，能够实时监测舆论热点，迅速发现突发事件和公众情绪波动，对于舆情管控和舆情分析具有重要作用。中国传媒大学国家舆情实验室则配备先进的舆情监测系统，能够实时监测社会舆论的热度和变化，迅速发现突发舆情热点，并对事件的传播和影响进行跟踪分析。此外，中国科学院大学数字经济监测预测预警与政策仿真实验室在数据库建设方面投入了高性能计算集群，安装了多个重要数据库系统，用于数字经济的监测、预测、预警和政策仿真研究。这些技术手段的引入，推动了数字经济领域的研究和创新，为数字化时代的经济治理和发展提供了有力支撑。

（四）科研实验物理空间建设

经调研发现，目前国内存在许多无固定实体空间的实验室，这些实验室本质上是一种理念上的集合体，通常以项目为导向，汇聚拥有共同科研目标的学术团队。这些实验室强调灵活性和项目驱动，在某些文科领域，它们能够促进跨学科合作和创新，突破传统研究壁垒。然而，这类实验室无明确的实体空间和环境，不利于管理与长期稳定发展；相比较下，实体研究机构通常有较为明确的发展规划和长远目标，能够提供稳定的科研基础设施，可以更好地整合人力、财力、物力等各种资源，且更容易接受监督，可为学科的长期发展提供更稳定的支持。或基于上述考虑，教育部社科司和各省（市、区）的社科联均要求哲学社会科学实验室原则上应为实体研究机构，强调为研究人员提供稳定的科研实验环境，日益注重科研实体空间的打造。

哲学社会科学实验室科研实体空间建设包括一般通用空间建设，如办公室、资料室、会议室、讨论区域、教学用房建设等，以及用于实验、观察和测试的专门场所建设，如计算机实验室、脑电实验室、行为科学实验室等，它们为科研人员提供了创造性工作的环境，不同科学领域和研究机构根据研究需求和目标可能设立不同类型和规模的科研实体空间。如中国美术学院文创设计智造实验室围绕"数化感知计算设计""艺术媒介混合现实""设计智造协同服务"三大主攻方向，打造了包括"人体动作动态捕捉""虚拟现实体验""三维重构系统""厨房Living Lab"等在内的一批试验场地及演示场地，为研究人员提供了专业的科研实验场所。

国内各哲学社会科学实验室除了根据自身研究领域和科研目标打造专业的科研实验场所外，通常还会设置大量的研讨区、多功能会议厅等通用空间，以供研究人员进行学术交流、团队会议和研讨会。这些通用空间在设计和布局上更加倡导开放性、协作性、灵活性和多功能性，通常采用开放式布局，大多设计为可进行高度组合的弹性空间，可实现灵活互动。如上海交通大学数字化管理决策实验室的计算机实验室采用阶梯式布局设计，整合配备了包括显示设备、音频设备、互动显示设备、计算机设备、表决设备、视觉隔离设施、环形书写展示设施、专业软件在内的多类设备设施，能够根据实际需求灵活组合，为诸如实验教学、实验研究、学术会议等项目活动提供环境支撑以及相应的技术支持。

（五）科研实践基地和平台建设

此处所提的科研实践基地和平台是指与实验室内部科研物理空间相互独立、与外部单位合作的研究基地、社会实验场景或科研模拟空间等。这些基地和平台通常用于开展实验、数据收集、过程观察、成果验证等科学研究活动，并与实验室内部的科研物理空间相互协作，共同推进科学研究。科研实践基地和平台的建设为学术交流和合作提供支持，对科学研究的发展和产学研成果的转化起着重要的作用。近年来，为促进科研成果转化，加强对外合作，优化资源整合，众多哲学社会科学实验室纷纷开展各类科研实践基地和平台的建设工作。

中山大学大数据管理行为与决策实验室与广州民间金融街信用数据技术有限公司合作成立了中大湾谷风险管理技术实验室，该实验室是中山大学和广州市进行校地合作、打造风险管理技术领域的重大研究基础平台，在依托中山大学管理学院全国第一的工商管理A+学科以及中山大学国家超级计算广州中心的算力和数据优势的基础上，对金融监管、金融科技等重大项目进行产学研成果转化并开展示范应用。该实验室通过与广州民间金融街信用数据技术有限公司等产学研承接单位的深度合作，推动建立了首个重大示范应用——地方金融数字化基础设施平台和全国首个数字金融创新产业园——广东数字金融创新产业园。

中国政法大学数据法治实验室与北京市通州区人民检察院、北京市通州人民法院共建了两个数据法治实验室实践基地——"教育部哲学社会科学实验室中国政法大学数据法治实验室北京市通州区人民法院基地"和"教育部哲学社会科学实验室中国政法大学数据法治实验室北京市通州区人民检察院基地"，这两个基地整合了高校资源优势与检察制度优势，实现了实务部门优质实践教学资源和高校法学理论研究资源的双向流动，为推动法学研究现代化提供支撑。

三、实验装备平台与基础设施建设应重点关注的问题

（一）管理机制问题

由于尚处于发展阶段，哲学社会科学实验室在装备平台与基础设施建设中普遍存在管理机制不健全的问题。这些问题主要表现在无监督机制、报废管理混乱以及不重视资产管理队伍建设等方面。首先，有的实验室在资产管理方面缺乏有效的监督与管理，导致实验室装备和设施的使用和维护得不到及时跟踪和处理，造成资源的闲置和浪

费。其次，报废管理混乱也是一个值得关注的问题。一些实验室在装备报废处理上没有明确的程序和标准，导致报废装备长期闲置，占用资源，同时也可能存在污染环境的隐患。此外，不重视资产管理队伍建设也是影响实验室装备平台与基础设施建设的问题之一。科研装备和设施的有效管理需要专业的管理人员，但一些实验室在此方面投入不足，导致管理水平不高。

为保障管理工作顺利进行，建立完善的管理机制是关键。首先，实验室应制定装备平台与基础设施管理的规章制度，明确装备购置、使用、维护、报废等方面的具体规定。其次，要加强装备和设施的使用和维护的监督与考核，确保规章制度的有效实施。此外，实验室应建立装备平台与基础设施的档案，包括装备信息、购置渠道、使用记录等，以便跟踪装备状态和使用情况。

（二）购置前论证问题

近几年，国家越来越重视哲学社会科学的发展，对有关院校的投入力度加大，相关实验室在建设过程中也越来越重视科研仪器设备的购买，但有的实验室由于缺乏科学论证和计划性，出现了"重买轻用"现象。主要体现在以下三个方面。一是购置仪器设备针对性不强，未从实验室科研需求出发，一味追求大而全、高标准，各院系之间互相攀比，造成仪器设备的浪费；二是重硬件投入轻软件配套，目前部分哲学社会科学实验室重硬件、轻软件的现象较为突出，在硬件设备采购方面投入了大量资金，而在软件系统建设方面投入甚少；三是科研仪器设备重复购置，由于信息共享不畅或者设备信息管理不完善，实验室可能会出现重复购买设备的情况。"重买轻用"现象最终将导致经费浪费、仪器设备使用率低下。

为解决该问题，各哲学社会科学实验室在设备购买时应加强购置前论证工作。做好论证工作是购买仪器设备的先决条件，必须进行充分的需求分析和论证工作，确保购置的设备真正符合实验室的科研方向和需求。同时，要注重硬件投入和软件配套的平衡，确保设备和软件能够协同工作，发挥最大的效益。此外，应建立健全哲学社会科学实验室设备信息管理体系，加强各部门之间的交流合作，避免重复购置，提高设备的整体使用率，实现资源的合理利用和共享共赢。

（三）开放共享力度不足问题

为促进科技资源合理配置和高效利用，近几年各地响应国家号召，纷纷制定了一系列关于促进科研设施和仪器设备开放共享的法律法规，着力推动本地科研仪器开放共享平台的建设，虽然国内科研设施与仪器设备开放共享制度、标准和机制逐渐建立健全，但"科研仪器设备重复配置、封闭、利用率低、共享水平低等问题仍未得到根本性改善"。[60]-[61]经调研发现，国内哲学社会科学实验室在科研仪器设备的对外开放共享方面进展较为有限，相关制度较少，暂未形成较为成熟的资源共享平台，整体上对外开放共享经验较为缺乏。

基于哲学社会科学实验室自身特点，为促进哲学社会科学实验室科研设施与仪器设备的对外开放共享，一方面需加强仪器设备等"硬基建"的开放共享，各哲学社会科学实验室应鼓励大型仪器设备主动对外、提高仪器设备使用效率，转变"为我所有""重建设轻管理"的理念，完善实验室科研设施和仪器设备开放共享管理体系，并主动与各地科研仪器共享平台对接；另一方面还需加强数据和知识等"软基建"的开放共享，如推动跨学科通用化复用型平台装置（中间层）建设，在哲学社会科学各领域和数字技术之间搭建通用模型桥梁，并在哲学社会科学各领域复用共享，无须各单位、各领域单独建设。

（四）科研基础设施国产化问题

相较于欧美等发达国家，我国的软件产业发展起步较晚，技术积累和人才储备相对不足，导致某些高端软件领域的核心技术受制于人。2020年，美国宣布将33家中国实体列入"未经验证清单"，被列入该清单的实体受到了限制，不能使用美国技术、产品和服务。随后，哈尔滨工业大学和哈尔滨工程大学师生无法使用Matlab软件，这给中国学术界带来沉重一击。除软件系统外，我国大量先进的仪器设备也高度依赖国外供应商，这种对外购置的依赖性导致我国在某些关键领域受到他国政策的影响，一旦出现"禁令"或者"断供"等情况，可能会严重影响我国的科研和产业发展。

实践证明，抢占科技领域战略制高点所需的核心科研基础设施不能依赖进口，只有采取有效举措大力推进重大科研基础设施的创新研发，才能摆脱受制于人的局面。各哲学社会科学实验室应当加大对软件开发和核心技术研发的投入，培养和引进更多高水平的软件开发人才，鼓励实验室科研人员自制仪器装置、自主开发软件系统，推动自主知识产权的创新和应用。同时应加强与政府、高校、科研机构和企业之间的合作，建立联合实验室和技术转移机制，促进技术共享和成果转化。在购置科研基础设施时，应更加注重自主研发机构和国内供应商的合作，推动形成国内科研基础设施产业链，减少对外依赖，提高我国科研和产业发展的稳定性和可持续性。

第五节

实验研究成果输出与应用

一、实验研究成果的输出形式与输出策略

（一）实验研究成果的输出形式

科研成果是指研究者以认知世界、改造世界为目的，凭借知识和经验，对研究课题进行观察、试验、调查，通过理性思维所取得的具有学术意义或实用意义的结论或认识。[62]科研成果具有以下四个方面的内涵。其一，科研成果是研究者用以认识世界、改造世界、为人类谋福祉的知识财富；其二，科研成果是借助理性思维，通过研究过程获得的；其三，科研成果体现了对事物本质的规律性认识；其四，科研成果具有完整性。

就哲学社会科学实验室而言，研究成果一般是指研究者通过科学研究活动获得的具有一定学术意义或实用价值的创造性结果。从输出形式上来看，随着科研工具和方法的不断迭代，研究成果的输出形式也在不断丰富和完善。具体而言，包括但不限于以下类别。

（1）科研项目。申请科研项目是研究者基于前期研究，完善和丰富课题研究方案，从而获取科研经费支持的基本途径。因此，科研项目也是研究者基于研究基础凝练形成的早期研究成果之一。哲学社会

科学相关的科研项目通常包括各类纵向科研项目和横向科研项目。纵向科研项目以竞争性申报为基础，通过严格的评审流程筛选合适的课题，加以立项。下表梳理了常见的哲学社会科学纵向科研项目（表3.2）。

表 3.2 常见哲学社会科学纵向科研项目梳理

项目来源	项目名称	细分类别
全国哲学社会科学工作办公室	国家社会科学基金	年度项目、青年项目和西部项目；重大项目；专项工程；后期资助项目；中华学术外译项目；学术期刊资助等
教育部社科司	教育部哲学社会科学研究重大课题攻关项目	—
教育部社科司	教育部人文社会科学研究项目	一般项目（规划基金、青年基金、自筹经费项目）；西部和边疆地区项目；专项任务项目（高校辅导员研究项目、中国特色社会主义理论体系研究项目）；后期资助项目等
国家自然科学基金委员会	国家自然科学基金（管理科学部、交叉科学部）	面上项目；青年基金；地区科学基金项目；重点项目；重大项目；重大研究计划项目等
全国教育科学规划领导小组办公室	全国教育科学规划课题	重点课题；一般课题；青年课题；教育部重点项目；教育部青年专项课题等
司法部	国家法治与法学理论研究项目	重点课题；青年课题；一般课题；专项任务课题等
国家统计局	全国统计科学研究项目	重大项目；重点项目；优选项目等

除了纵向科研项目，各级政府及政府职能部门、企事业单位、社会团队会面向社会发布亟须解决、但仅依靠自身力量难以完成的研究课题，又称为横向项目。横向项目以委托方和受托方的协商为基础，来源比纵向项目要广泛得多，在科研评价体系中的权重往往低于纵向项目。

（2）学术论文。学术论文是研究成果产出的最重要的形式之一，反映着一个学科最前沿和先进的学术成果。学术论文发表前通常需要经过同行评议，国际上对哲学社会科学学术论文和期刊的通行评价标准是美国科学信息研究所创建的科学引文索引（Science Citation Index, SCI）和社会科学引文索引（Social Sciences Citation Index, SSCI）。国内哲学社会科学学术论文的通行评价体系则是围绕核心期刊构建的。核心期刊是某学科的主要期刊，一般是指所含专业情报信息量大、质量高，能够代表专业学科发展水平并受到本学科读者重视的专业期刊。下列表格梳理了国内主流核心期刊评价体系（表3.3）。

除了常规发表的学术论文，哲学社会科学实验室也可以在实验室所擅长的学术领域，以学术期刊特刊的形式，在主流学术期刊上集中式发布实验室或课题组在该领域的最新研究成果集，用以开展关于学术热点的发展方向和前景的讨论。此外，哲学社会科学实验室还可以根据实验室的研究专长创办特定领域的学术期刊，为本领域学者的学术交流搭建通用平台，从而扩展领域的学术影响力。

（3）学术专著。学术专著内容较为全面，知识结构系统完整，可以系统、全面地反映哲学社会科学研究成果的内涵，是学术思想传播的重要载体。其内容可涵盖对国家重大战略的论证阐释，对经济社会

• 157

表 3.3　国内主流核心期刊评价体系

名称	发布单位	更新频率	基本情况
中文核心期刊要目总览（北大核心）	北京大学图书馆等十几所高校图书馆	2008年之前每4年更新；之后改为每3年更新	从我国正式出版的中文期刊中筛选，采用定量评价与定性评审相结合的方法，2020年版为1990种
中国科技期刊引证报告（核心版）	中国科学技术信息研究所	1997年开始，每年进行遴选和调整	分为自然科学卷、社会科学卷，2022年版共收录期刊约2500种
中文社会科学引文索引CSSCI（南大核心、C刊）	南京大学中国社会科学研究评价中心	每两年发布一次	采取定量与定性相结合的方法，从全国2700余种中文人文社会科学学术性期刊中精选出570余种学术性强、编辑规范的期刊作为来源期刊
中国科学引文数据库（CSCD）来源期刊	中国科学院文献情报中心、中国科学引文数据库	每两年发布一次	经过定量遴选和专家定性评估，2023—2024年度CSCD收录来源期刊1340种，其中，核心库996种、扩展库344种
中国学术期刊评价研究报告（RCCSE）	武汉大学中国科学评价研究中心	2017年及以前为每两年发布一次	《第六版》认定中文学术期刊6390种，评价权威学术期刊（A+等级）366种,核心期刊（A和A-）1693种

发展重大问题的前瞻研究，对哲学社会科学重要理论的凝练总结等，具有重要的学术价值，在学科建设或解决重大现实问题方面起着关键的推动作用。全国哲学社会科学规划领导小组2010年设立了《国家哲学社会科学成果文库》，此后每年评审一次，入选成果经过了同行

专家的严格评审，代表着当前相关领域学术研究的前沿水平。文库评选旨在充分发挥哲学社会科学研究优秀成果和优秀人才的示范带动作用，促进我国哲学社会科学繁荣发展。

（4）研究报告。研究报告基于深入、系统的调查研究，通过剖析经济社会发展的重大问题，提出符合实际、具有可操作性的对策建议。研究报告通常包括关于经济社会发展重大问题专题研究报告、重大决策咨询报告、社会公共政策建议方案与评估报告等形式。部分优秀研究报告的建议可被政策文件采纳，进而产生经济和社会效益。例如，教育部哲学社会科学实验室——中国政法大学数据法治实验室每年定期发布个人信息保护和数据安全方面的研究报告。其研究报告基于当前年度调查活动所获相关数据，从公众网民对个人信息保护和数据安全的反馈情况、我国个人信息保护和数据安全的法制建设情况等不同角度进行分析，找出个人信息保护和数据安全领域里存在的网民所广泛反映的问题，并提出相应的改善建议。

（5）设计规划。规划是国家治理体系的重要政策工具。以我国的五年规划为例，五年规划是中国国民经济计划的重要组成部分，属长期计划，主要对国家重大建设项目、生产力分布和国民经济重要比例关系等作出规划，为国民经济发展远景规定目标和方向。五年规划主要承担任了四种角色，一是作为社会共同行动纲领，广泛听取社会各界意见，成为凝聚社会共识的国家意志表达形式；二是引导资源配置工具，引导政府将资源向国家战略指明的方向配置；三是作为政府履行职责依据，督促政府制定并公开履行规划；四是作为市场行为"第二准则"，划清空间界限，告诉市场主体，空间的可为与不可为。在制定涉及经济社会发展某一阶段或某一专业领域项目设计规划时，往往需要具备专业知识背景的人才。哲学社会实验室可以在擅长的领域参与其中，使研究成果成为经济社会发展谋篇布局的重要支撑。

（6）科研获奖。包括各级科技成果类奖项。科研获奖以奖项荣誉为牵引，鼓励科研人员在相关领域内进行科技创新，推动国家科技事业的发展。以国家科学技术进步奖为例，奖项授予对象是在技术开发、社会公益、国家安全、重大工程四类项目中应用推广先进科学技术成果，创造显著经济效益、社会效益，或为保障国家安全作出重大科学技术贡献的中国公民和组织。

（7）软件著作权和专利。软件著作权和专利是常见的知识产权保护形式，也是衡量科研机构创新能力和核心竞争力的重要指标。对研究成果的知识产权进行保护是后续科技成果转化的重要保障。例如，软件著作权登记作为著作权人的权利证明，可以保护权利人的源代码，并可作为技术出资入股的凭证。

除了传统的七种研究成果，新型研究成果还包括服务于哲学社会科学研究的专业数据库、算法模型库和信息系统平台。

（1）数据库建设。随着生成式预训练大模型的爆发式演进和应用，高质量数据库成为模型性能突破的重要助推器。在哲学社会科学实验室的建设过程中，数据库成为各方关注的重要研究成果之一。例如，北京大学语言学实验室规划的重点研究方向之一是中国有声语言大型数据库建设与研究。清华大学计算社会科学与国家治理实验室围绕司法裁判、网络问政数据、供地计划、政务微博等多个主题形成了专题数据集。云南大学"一带一路"研究院拟建设"一带一路"中资企业调查数据库、海外民族志调查多维数据库等开源性多截面数据库并通过机器学习等人工智能技术，进行线上数据分析，为决策咨询研究提供全面、准确、及时的数据支撑。中国科学院大学数字经济监测预警与政策仿真实验室围绕数据库资源的利用开展了系列培训活动，探讨了如何充分运用数据资源开展相关研究工作。

（2）算法模型库建设。将通用的算法模型加以共享复用，能够提高研究人员在哲学社会科学研究中分析和处理数据的能力。例如，武汉大学文化智能遗产计算实验室整理了常用的数字人文研究工具用于共享。

（3）系统平台建设。系统平台可以有效整合数据库、算法模型工具等资源，是哲学社会科学研究进行创新的协作平台。例如，中国传媒大学国家舆情实验室自主研发了集舆情态势感知、舆情研判分析于一体的舆情监测系统，为国家舆论安全、国际传播、社会治理等方面的政府决策提供了重要依据。

（二）实验研究成果的输出策略

随着信息技术的发展和"自媒体"时代的到来，哲学社会科学实验室专注于科学研究已经不能满足时代的需要。哲学社会科学实验室思考的问题不仅是如何提供高质量的研究成果，更是如何采取合适的输出策略，扩大研究成果的影响力，为研究成果的后续转化与应用奠定基础。

哲学社会科学实验室成果输出策略是指为了扩大成果的学术影响

力和社会影响力，建立其与政府、企业、科研机构和社会公众等主体之间的输出平台，运用一定的技巧将研究成果输送给政府、企业、科研机构和社会公众的一种机制。它对于哲学社会科学实验室的生存和发展壮大起着决定性的作用。

从过程的角度分析，哲学社会科学实验室的成果输出分为三个阶段。首先，产出能够引起政府决策层和社会大众兴趣的高质量研究成果。其次，建立起研究成果向政府、企业、科研机构和社会大众传播的渠道，选择合适的成果输出方式，构建连接决策层和社会大众的输出平台。最后，收集有关成果输出结果的反馈，包括政府批示和回复、媒体报道、社会舆论等。综上，哲学社会科学实验室的成果输出策略可被进一步细分为三个部分：研究成果质量保证策略、研究成果输送策略和研究成果输出结果反馈策略。

1. 研究成果质量保证策略

成果质量保证策略是指哲学社会科学实验室为提高研究成果质量，使其更具前瞻性和实用性，严格管理项目立项、项目研究过程及对成果进行评估的机制。研究项目的优劣决定了研究成果质量的优劣。哲学社会科学实验室必须重视项目的选择，鼓励前沿性课题的研究。高质量的成果也跟科学的项目过程管理息息相关，哲学社会科学实验室要生产和提供高质量的研究成果，就必须尊重科学，采取科学、规范的研究方法和程序。为进一步保证最后提供的研究成果能够符合质量标准，哲学社会科学实验室应对研究成果进行质量评估，因此要建立完善的评估指标体系，严格按照评估的程序进行，对达不到机构质量要求的研究成果进行修改。

2. 研究成果输送策略

哲学社会科学实验室成果输送策略是实验室在特定的行动情景和外生影响因素下，为达到扩大研究成果社会影响力和学术影响力的目的而与其他行动者产生的一种互动模式。该模式的实现主要依赖于多样化的输出策略及立体化的输出平台。成果输送策略是成果输出策略的核心，是哲学社会科学实验室与政府、企业、科研机构和社会大众之间的互动，因此需要在多元主体之间建立输送平台。

哲学社会科学实验室常见的成果输送渠道主要有以下几种：递交课题研究报告或调查报告；出版学术刊物或著作；主办会议或论坛；举办学习培训项目；利用报纸、电视和网络媒体发表观点；利用个人关系网络传播思想成果；建立开源开放科研平台；共享科研数据集等。对不同的成果输出客体，哲学社会科学实验室输出方式不同，在实际成果传播中应该采取多种方式联合的策略。

3. 研究成果输出结果反馈策略

哲学社会科学实验室的成果输出结果反馈策略是指为明晰研究方向、优化项目管理制度、完善成果输出策略而采取一定的方式或方法收集研究成果的科研论文引用率、咨政建议的政府采纳率与批示率、社会媒体报道率、社会舆论反响等相关信息。

成果输出结果反馈策略对哲学社会科学实验室的长远发展意义重大。成果输出结果的反馈直接影响着未来的工作，只有不断从经验和教训中改进工作模式才能追赶世界先进哲学社会科学研究机构发展的潮流。

二、实验研究成果的转化与应用

实验研究成果包括"科学成果"和"技术成果"两个部分。研究成果转化就是在市场经济条件下把成果包含的潜在技术转化及时转化为实用技术，将它应用到企业中并物化为现实产品，使其进入生产和流通领域，实现商品化、产业化。同自然科学研究成果一样，哲学社会科学研究成果，尤其是应用型社科研究成果，也可以转化为现实生产力，产生社会效益和经济效益，从而服务于政府部门、企事业单位和社会大众。

（一）研究成果的转化形式

从研究成果的转化形式上来看，目前国内外科技成果转化有多种方式，比较主流的成果转化方式可分为自我转化、合作转化、企业孵化三种主要形式。

自我转化是指在实验室独资创办的企业里将自身的科研能力转化为科技成果。根据自办企业发展的需要确定研究项目，以课题组为单位进行研究。课题组同时承担双重责任，既要负责技术成果的研究和开发，又要负责完成技术成果产业化的任务。自我转化以实验室为主体，以科技活动及其成果为主导，从而构建从基础研究、应用研究、开发研究、中试、产品化到形成产业并占有市场的全部流程。

合作转化是指与高校或其他科研机构开展合作，共同进行科技成果转化，并实现技术产业化。它以市场为导向，以技术合约为基础，在自愿的基础上共担风险，合作进行技术创新活动。合作转化的核心问题是双方在合作过程中如何做好风险分摊和利益分成。一般而言，合作转化有两种方式：一是各合作单位以各自在资金、技术、人力以及设备等方面的优势为依托，共同参与研制、开发和生产新的产品。二是实验室前期以投入科研经费的形式，参与到其他科研机构研发团队的实际项目中，并与研发团队签订项目任务书，按项目任务书约定分工及产权归属。后期研发团队以技术折股的出资形式，与实验室共同创办技术股份制企业，按合同规定的比例获得相应收入，通过"技术+资本"实现科技成果转化。

企业孵化是把哲学社会科学实验室的人力资源优势和技术优势与社会上有潜力的研发团队或者企业的资源优势相结合，以高新技术研发和高新技术产业化为目标，为创造适宜科技成果转化环境最终形成一种地域性服务机构。它既能在三者之间搭建网络信息平台，有效进行信息沟通，又能按照项目的要求达成资源共享，建立孵化基地。

（二）当前研究成果转化存在的问题

从研究成果的转化效率来看，我国整体研究成果的转化率仍不高。以专利为例，自2019年起，我国成为世界知识产权组织《专利合作条约》（PCT）体系提交国际专利申请量最多的国家。但《2021年中国专利调查报告》显示，2021年，我国发明专利产业化率为35.4%，科研单位、高校发明专利产业化率分别仅为15.6%和3.0%。当前研究成果转化效率偏低的原因有以下四个方面。

一是技术转移转化考评体系不完善。在科研绩效考核方面，大多数科研机构仍以纵向科研课题为主，研究报告、论文、专利为主要考核指标。尽管有部分科研机构将科技成果转让指标纳入科研绩效考核当中，但并没有改变科研机构"职称科研"的现状，且可能导致科研机构简单强调成果转移转化数量与金额，而忽视转移转化成效。

二是缺乏专业技术转移转化机构、人员。美国等西方国家中，科技成果转移转化卓有成效的高校大多设有专门的技术转移转化机构，并配置专职人员，负责校企合作及科技成果的转移转化及筛选合适的科技成果予以培育、孵化的工作。目前，尽管少部分科研机构已经设立了技术转移转化部门，但是仍缺乏熟知技术转移转化相关法律法规、善于捕捉市场机遇、协调技术转移转化参与各方的专业团队。

三是科技成果标准化评价体系不健全。哲学社会科学研究成果所涉及的领域较广，部分研究成果缺乏定量评价指标。与此同时，专业评价机构及其人员的缺乏也导致评价质量良莠不齐，难以对哲学社会科学科技成果的市场性、长远性做出科学的评估，从而导致评价结果价值偏移，企业或其他科研机构对合作信心不足，对转移转化风险顾虑较多。

四是科技成果转化资金不足。科技成果转化是一项高投入、高收益、高风险的周期较长的活动。科研团队一般没有转化资金，政府或企业投入科技成果转化的资金亦有限。考虑到转化的高风险，金融机构也很少将资金投入转化周期长、市场风险和技术风险高的科研项目。综合来看，转化科技成果缺乏社会投资主体和转化渠道，尤其缺乏企业的资金支持和运作有效的风险投资。

从科技成果转化存在的问题来看，产学研深度融合越来越成为解决研究成果供求脱节问题、提高转化率、加速技术更新迭代、扩大技术推广应用、促进科技成果转移转化的有效途径。

（三）产学研深度融合，加速研究成果的转化

产学研深度融合是指产业界、学术界和科研机构之间建立起长期稳定的合作关系，从而实现资源共享、优势互补、科技成果转化和产业升级的目标。产学研深度融合是当前推进创新驱动发展、加快科技成果转化的重要举措，也是推动产业升级和创新发展的关键。

哲学社会科学实验室产学研深度融合的实现需要协同"政产学研用"各方的力量，实现战略协同、利益协同和组织协同。建立产学研之间的有效沟通机制和合作平台，可以实现产学研之间的资源共享和优势互补，推动科技成果的转化和应用，促进产业升级和创新发展。例如，中山大学大数据管理行为与决策教育部哲学社会科学实验室在成立之初就注重产学研合作，成立产学研合作基地——中大湾谷风险管理技术实验室，并推动了包含广州地方金融数字化基础设施平台建设、广东数字金融创新产业园建设在内的广东金融"一室一台一园"项目的落地。

具体而言，哲学社会科学实验室立足产学研深度融合，加快实验研究成果转化的具体路径包含以下五个要点。

一是瞄准重大战略目标，实现哲学社会科学实验室与政府的战略协同。当前，国家社科基金以及各省社科基金大都以"课题招标"的

形式组织项目申报和研究。这就要求哲学社会科学实验室要瞄准重大战略目标，与政府进行战略协同，主动引导研究人员关注社会经济热点难点问题，使其针对政府重大战略需求开展理论研究和应用对策研究，为国家重大决策部署提供理论依据和对策建议。

二是扩大利益共同点，实现哲学社会科学实验室与企业的利益协同。企业与实验室合作的根本目的是通过转化实验室的科研成果，获取经济效益。同样，实验室与企业合作的目的是借助企业推广转化的科研成果，获取社会效益和经济效益。实验室与企业的协同，最重要的就是要找准并扩大利益共同点。一方面，实验室要增强市场意识，主动适应市场规律；另一方面，企业要尊重科研人员和实验室对成果享有的知识产权，这是协同的基础。

三是构建协同创新平台，实现"政产学研用"各方的组织协同。实验室社科成果的转化，需要一个"政产学研用"各方合作的平台作为各方协同的组织载体。协同各方可以联合组建类似"高校社科成果转化中心"的机构，将成果产出、成果共享及成果转化等融会贯通，并聚集"政产学研用"协同创新专项资金，为科研人员提供从项目研究到成果转化的"一站式"全方位资金支持和管理服务。通过"政产学研用"组织协同，一方面可以有效加快知识资本的流转与增值，另一方面可以聚集各种优质资源，实现跨行业、跨部门的协同创新。

四是推动学术研究成果共享，实现科研与人才培养的协同。实验室哲学社会科学研究成果最简单便捷的转化方式就是通过人才培养将其内化到科研团队的知识体系中，提高团队整体的学术研究水平。哲学社会科学研究成果尤其是理论研究型成果具有较强的学术性、原创性甚至超前性，其学术影响、社会效益往往大于经济效益，且在短期内很难获得直接的经济效益和社会效益。因此，要注重科研与人才培养的协同，加快理论研究型成果向团队知识体系的转化，助推哲学社会科学实验室的学科建设和人才培养。

五是发挥文化传承功能，实现实验室与社会的协同。哲学社会科学实验室研究成果尤其是理论宣传型和文化传承型成果承担着向社会宣传理论和传承文化的职责，这些成果通过在精神文明建设中发挥效用，实现哲学社会科学成果向现实生产力的转化。实验室要加强与社会的协同，主动了解社会大众的文化需求，充分挖掘哲学社会科学研究成果，有针对性地进行理论宣传和文化普及，积极为社会大众文化素质的提高和社会文明的进步做出应有的贡献。

第六节

人才培育与团队建设

一、实验室团队建设的关键要素

在哲学社会科学实验室的团队建设中,首席科学家、实验室技术人员、研究生和其他人员共同构成一个积极向上、高效协作的团队,为推动实验室在计算社会科学领域的研究和创新以及辅助社会治理和决策提供有力支持。[63]–[66]

(一)首席科学家(Principal Investigator, PI)

在实验室团队中的角色:首席科学家在实验室团队中扮演至关重要的角色,既是领导者,又是核心骨干。他们具备卓越的学术能力和丰富的研究经验,为团队成员提供学术指导和专业支持。作为团队的领导者,首席科学家不仅需要制定科学目标和研究方向,还要在实验室中担任决策者和方向指引者的角色。他们精心规划实验室的研究方向,确保团队的研究内容与实验计划紧密契合,并积极推动项目的进展;同时积极争取研究经费和资源,以确保团队的研究能够持续蓬勃发展。首席科学家还非常关注团队成员的学术成长,鼓励创新研究,推动其在各自研究领域实现突破性进展。

聘用方式和研究方向：首席科学家通常通过竞聘或内部选拔产生，其背景和学术实力与实验室的研究方向相匹配。首席科学家的主要任务是确定实验室的研究方向和发展重点，并应做到密切关注国家和社会发展的需求，以确保实验室具有前瞻性和战略性，能够在学术和应用领域保持竞争力。

与团队的合作方式：一是首席科学家与实验室成员协同合作，共同推进项目研究，鼓励学术交流，促进团队合作；二是积极推进团队成员之间的学术合作和交流，扩大实验室的合作网络和学术影响力；三是通过开展国内外学术交流和合作项目，增加实验室的研究成果以及提高其学术影响力。

在项目中的参与程度：首席科学家通常在实验室的研究项目中发挥核心作用，负责项目的设计、规划和实施；需要积极参与学术讨论和成果推广，以展示实验室的研究成果和影响力；并对项目进行全面把控，确保项目的科学性和可行性达到高标准，提升项目的研究价值和实际应用效果。

（二）实验室技术人员

在实验室团队中的角色：实验室技术人员负责实验设备的日常维护和管理，以保障实验室设施的正常运转。虽然实验室技术人员通常不参与学术研究的设计和决策，但他们在实验室团队建设中的作用不可忽视：他们可以协助团队成员解决实验操作中遇到的问题，以确保实验顺利进行。

聘用方式：实验室技术人员通常通过面试或选拔程序产生。他们需要具备相关专业背景和实验操作经验，以确保能够胜任实验室的技术工作。选拔注重对其技术能力和实践经验的评估，确保能够为实验室团队提供高质量的技术支持。

与团队的合作方式：实验室技术人员与实验室团队成员密切合作，为研究项目提供必要的技术支持。他们与实验室成员共同解决实验操作中的问题，以确保实验顺利进行。

在项目中的参与程度：实验室技术人员通常参与实验项目的执行和操作，根据实验室团队的需求和项目进展，灵活地调整和安排工作任务。

（三）研究生

在实验室团队中的角色：研究生是实验室团队的未来和希望，为推动实验室团队的研究进展、促进产出学术成果做出了重要贡献。他们积极参与项目研究、团队合作和学术交流，通过与导师和其他团队成员深入交流扩展学术视野，为个人的学术成长和职业发展奠定坚实的基础。

聘用方式和研究方向：研究生通常通过竞赛录取或招生面试等方式进入实验室。他们根据个人学术背景和研究兴趣与导师相互匹配，确定个人的研究课题，并深入探索研究领域的前沿问题，以适应实验室的整体研究方向。

与团队的合作方式：研究生与导师以及实验室团队成员紧密协作，共同推进研究项目。他们定期与导师进行学术交流和讨论，从导师处获取学术指导和反馈。此外，研究生还与其他团队成员密切合作，通过互相讨论和交流，共同解决问题，以推动研究不断取得进展。

在项目中的参与程度：研究生积极参与项目的研究设计、实施和结果分析。他们通过实际操作和实验探索来积累实践经验，将学术理论与实际应用相结合。在实验室团队建设中，学生的积极参与和贡献对于提升实验室整体研究质量和产生学术成果有重要的影响。

（四）其他人员

实验室团队中的角色：实验室的人员组成包括常驻研究员和流动聘用人员（如访问学者、博士后）。他们依托实验室开展自己的研究工作，为团队注入多样化的研究视角和思路，同时为实验室团队提供新的资源和合作机会。长聘人员通常具有丰富的学术经验和专业背景，有机会拓展实验室的学术合作和交流网络，提高学术声誉。

聘用方式和研究方向：长聘人员通常是由高校或科研机构根据其学术背景和科研实力选择聘用，他们在聘期内有明确的与实验室的整体研究方向相符的课题。访问学者通常是受邀到实验室进行短期学术交流和合作，他们通过实验室的邀请来开展合作研究，研究方向通常与实验室的重点研究领域相关。

与团队的合作方式：长聘人员和访问学者的加入丰富了实验室的学术氛围和研究内容，为团队的学术发展和合作创造了更多机会。他们与实验室成员紧密合作，不仅为团队提供专业支持，同时在学术交流中促进知识的传递与共享，推动实验室团队的整体研究进展。通过与长聘人员和访问学者的合作，实验室团队能够更好地实现其学术目标，推动自身研究领域的创新和发展。

在项目中的参与程度：长聘人员与实验室团队成员合作，共同推进研究项目。他们也可能与其他实验室成员进行学术交流，促进学术合作。长聘人员在实验室中通常参与项目的研究设计和实施，并为团队提供专业支持。访问学者通常与导师或实验室团队成员合作，进行短期的学术交流和研究合作。由于访问学者的合作期限较短，他们的参与程度因合作时间而异。

案例 1

南京大学现代天文与天体物理教育部重点实验室拥有来自不同领域的顶尖学者，包括 4 位中国科学院院士、4 位长江学者特聘教授等，他们是实验室的首席科学家，为实验室提供战略指导和学术支持。同时，实验室有一支专业的技术团队，负责实验设备的运行和维护、数据分析和处理等工作，保障了科研工作的顺利进行。此外，实验室通过博士后研究助理岗位吸引了 16 名研究人员，其中包括 3 名外籍博士后。除此之外，实验室还接待了来自国内外的访问学者，共计 129 名国内学者和 81 名国际学者到访实验室，开展短期学术交流合作，进一步提升了实验室的学术氛围。这些人员共同努力协同推动着实验室在天文与天体物理学领域取得显著研究成果。

案例 2

  北京大学数量经济与数理金融教育部重点实验室拥有来自不同领域的首席科学家,其中包括5位长江学者特聘教授,11位国家杰出青年基金获得者,4位中组部千人计划人才,3位青年千人计划入选者,以及10位新世纪人才和3位国家优秀青年科学基金获得者。在实验室中,院士、资深长江学者和杰出青年基金获得者积极开展各种形式的讨论班和研讨会,指导年轻研究人员,并为他们提供成长的机会。专业技术团队负责实验设备的运行和维护、数据分析和处理等工作,为科研工作提供重要支持。实验室培养了42名博士后,其中许多人成为国内外高校和科研院所的科研和教学骨干。此外,实验室吸引了77名博士后加入,继续培养青年数学创新人才。实验室也非常重视与国内学者和访问学者的交流,为此设立了国内访问学者计划,接待来自全国各地的访问人员并提供相应的办公条件和津贴。访问学者的范围包括国内各大学和研究机构的正教授、副教授、研究员和副研究员,以及讲师、博士后和已取得博士学位的助理研究员。

案例 3

  神户大学计算社会科学研究所拥有一个由17名知名研究学者专家组成的精英团队,涵盖了多个重要职位。其中,团队的领导职位由1名首席科学家担任,负责指导团队的研究方向和战略发展。在团队中，有7名教授担任重要职务，他们在各自的领域拥有丰富的经验和深厚的学术造诣。另外，有4名副教授在团队中担当重要角色，他们通常是在教授的指导下负责具体研究项目的实施和管理。除此之外，还有4名其他类型的研究学者专家，他们可能担任高级讲师、特任教授或研究员等职务，为团队的研究提供宝贵的支持。团队成员的研究方向非常多样化，涵盖了计算社会科学的多个重要领域，包括社会计算、网络科学、复杂系统建模、数据分析与挖掘、计算社会学、媒体技术创新、艺术与科学融合等。科研团队内部的多样化和跨学科特性为成员之间的合作与交流提供了机会，进一步推动研究的深入发展。

案例 4

宾夕法尼亚大学社会科学实验室是一个由30多名成员组成的强大且多样化的团队。团队的领导职位由1名首席科学家担任，是实验室的主任职务，其在带领团队展开前沿研究和推动学科发展方面发挥着重要作用。实验室还有3名技术和运营管理人员，他们在实验室运作和管理方面扮演关键角色，为团队的研究提供支持和保障。团队中有7名博士生，他们在通讯领域、计算机与信息科学、运营、信息和决策等方向进行研究。此外，还有11名硕士生，专攻数据科学、行为与决策科学、社会政策和数据分析等研究领域。除了本校学生，

> 该团队还吸引了来自麻省理工学院、耶鲁大学和微软研究院的3名访问学者,他们为团队带来跨学科的观点和合作机会。另外,团队还有2名博士后,为研究工作提供宝贵的经验和支持。此外,团队中还有许多未毕业的本科学生,他们正在攻读学位,为团队带来新鲜的思想和动力。这个多元化的团队使得宾夕法尼亚大学社会科学实验室成为研究和创新的重要中心。

二、如何进行有组织科研

(一)有组织科研的基本内涵与主要特征

1. 基本内涵

2022年8月,教育部印发《关于加强高校有组织科研推动高水平自立自强的若干意见》,突出高校在国家科技创新中的关键作用,要求充分发挥新型举国体制优势,鼓励高校参与国家科技项目,促进科研成果转化为国家实际生产力。该文件着重强调了"有组织科研"的内涵,即将科研工作有机地融入国家科技体系,为满足国家战略需求提供有力支撑。与此同时,2022年9月6日,中央深改委第二十七次全体会议通过了《关于健全社会主义市场经济条件下关键核心技术攻关新型举国体制的意见》,明确指出要瞄准我国产业、经济和国家安全的重点领域和任务,聚焦战略性新兴产业、关键基础设施和核心技术，为国家未来发展奠定坚实基础。这些文件共同强调"发挥体制优势，提高科技水平，提升自主创新能力"的重要意义，推动我国科技创新与国家战略需求紧密融合，特别是首次将"有组织科研"纳入国家政策话语体系，强调高校在国家科技创新中的重要地位和角色。

基于新一轮科技革命和产业变革对科研创新提出的新要求，政府（组织）正在积极推进管理和服务职能的转变，加强对科学研究的方向引导、布局统筹和重点资助，使其逐渐演变成一种全新的"有组织科研"模式。"有组织科研"的基本内涵是政府（组织）统一组织和集中投入，科研工作者针对国家重大需求进行导向性和指向性的科研创新实践。[67]清华大学率先提出的"有组织科研"举措认为科研发展规划应聚焦重大现实问题，服务国家战略需求，以克服科研人员单打独斗、资源分散等弊端为目的，全面提升高校在服务国家发展方面的科技能力。[68]这种"有组织科研"并非仅限于对科研过程的简单组织，而是在科研发展中进行有目标、有侧重、精准化的规划和布局。"有组织科研"使得科研活动更具有系统性、导向性和交叉性，为应对当今科技领域的深度交叉性、应用指向性和资源依赖性等新特点提供了更好的解决方案。

2. 主要特征

有组织科研相较于"组织无序"乃至"无组织"的科学研究，更加重视研究选题、研究过程、研究工具手段以及不同研究主体之间的协同创新，特别强调国家战略目标导向、学科交叉融合和大科学计划的组织实施[69]-[70]。这种科研模式的演进是对过去科研模式的一种积极回应，它在当前复杂多变的科技环境中具有重要的指导意义。[71]有组织科研通过有效的组织和规划，使科学家能够更好地与国家需求对接，推动科研成果与社会发展有机衔接，实现科技创新的真正价值，其特征主要表现为系统性、导向性和交叉性。

系统性体现在有组织科研对科研方向的整合和规划上。通过系统性指导，避免了科研活动碎片化和盲目性，能够更加有针对性地解决重要的科学问题，提高学科发展的协调性和整体性。例如：中国的"脑科学与类脑研究"重大项目涉及多个学科领域，由国家自然科学基金委员会组织实施，通过调动跨学科的科研团队和专家资源，集中攻克脑科学领域的关键问题，促进了脑科学与脑工程的交叉融合，形成了一系列重要的研究成果，推动了脑科学研究的整体发展。

导向性表现为有组织科研明确强调问题导向和需求导向，并紧密结合国家战略目标，使科研工作与国家的重要需求紧密契合、科研成果更加贴近社会现实，更好地为国家和人民的利益服务。例如：美国国家癌症研究所（NCI）实施癌症研究计划，组织科学家和研究团队，针对癌症的发病机制、早期诊断、治疗方案等关键问题展开深入研究，确保其研究方向紧密契合国家对癌症研究的紧迫需求。这种导向性使得研究成果能够迅速应用于临床实践，有效地推动了癌症治疗水平和防控水平的提升。

交叉性体现在有组织科研鼓励跨学科、跨机构的合作，以推动不同领域之间的资源共享和优势互补。通过形成综合交叉的研究团队，有组织科研能够更好地解决复杂问题，提高科研攻关的效率和成果。例如：欧洲核子研究中心（CERN）是一个典型的跨学科合作的有组织科研机构，其致力于研究原子核、基本粒子和宇宙起源等问题，聚集了来自世界各地的科学家、工程师和技术人员，在大型粒子加速器和探测器的加持下，进行了许多重大科学实验。这种跨学科的合作使得欧洲核子研究中心充分利用不同领域的优势，形成了强大的科研攻关整体合力，取得了多项重要的研究成果。

（二）以有组织科研推动哲学社会科学研究的现实困境与发展路径

1. 哲学社会科学实验室团队建设的现实困境

困境一：在哲学社会科学实验室的团队建设过程中，项目申请阶段可能会遇到豪华团队陷阱和有效协同不足的问题。

一方面，团队可能会倾向于采取豪华团队模式，以在激烈的项目申请竞争中脱颖而出。[72]然而，这种做法可能导致团队内部协同失衡，妨碍团队成员之间的有效合作，从而抑制协同效应、减少创新成果的产生。例如：某研究团队在申请阶段为人工智能伦理研究项目聚集了多位知名伦理学家、计算机科学家和社会学家。尽管这些专家在各自领域都享有盛誉，但由于他们专业背景和方法论的差异，使得这些专家在项目的整体目标和方法选择上产生了分歧，影响协同效应的发挥和创新成果的产出，可能导致团队内部的合作机制失衡。

另一方面，有效协同可能不足。[73]团队成员来自不同学科，声誉梯度不明确，可能导致一些成员在合作中能力受到质疑，从而降低了团队成员参与合作的积极性。不同学科之间的差异也可能导致研究工作在选择研究问题、方法和术语上遇到障碍，使得资源无法得到充分整合，进而影响研究的综合性和深度。为避免陷入"豪华团队陷阱"，团队应审慎考虑成员水平和成员组成多样性的平衡，并采取措施促进内部的有效协同，以确保项目能在协同合作中形成更好的研究综合性和创新成果。

困境二：在哲学社会科学实验室的团队建设过程中，项目执行阶段可能面临合作利益冲突、学科交叉与团队协作不足、实验人员编制不稳、横向与纵向不平衡以及研究成果碎片化问题，影响团队的协同合作、稳定性、整体实力和研究成果的综合性。[74]－[77]

合作利益冲突可能成为项目执行的重要障碍。当团队成员因个人利益冲突或意识形态分歧而发生分裂时，合作氛围可能会受到负面影响，降低成员间的协同合作水平。

学科交叉不足和团队协作不够紧密也是团队建设的难题。缺乏学科交叉可能使团队成员在各自领域内闭门造车，难以实现跨学科合作与创新。同时，协作不足也可能妨碍信息流通与知识分享，进而影响研究的综合效果。

实验人员编制问题会影响团队的稳定性。在项目执行阶段，成员的变动可能影响项目的连贯性和稳定性，尤其在长期合作项目中。在实验人员聘用方面，不同学校采用不同制度。例如：清华大学实行项目聘用制，可能造成实验人员在社会保障和职业发展方面的不稳定。中国人民大学则通过设立实验部门，采用编制内聘用制，为实验人员提供稳定的实验员序列职位支持。中国美术学院也采取了编制内聘用制，为实验人员提供稳定的研究员或教授序列职位支持，并确保数据库建设等基础性工作在职级评定中得到公正的评价。

案例 1

清华大学

清华大学采用项目聘用制，为每位主要研究者（PI）提供自主组建团队的机会。这优势在于主要研究者可以根据项目需求选择实验人员，确保团队内部的协作默契和高效。然而，这一机制也存在劣势，实验人员之间的合作可能受到资金来源的影响，从而导致研究方向受限，限制团队的自主性和创新性。

案例 2

中国人民大学

中国人民大学采用编制内聘用制，为实验室提供稳定的实验员序列职位支持。这种机制确保实验室稳定的人员队伍，为实验、研究和项目开发提供坚实基础。同时，提供明确的职业发展轨道，促进个人的职业成长。然而，该机制也可能导致提供的人员编制与实际需求不匹配，限制实验团队的灵活性和创新能力。过度的标准化管理可能限制实验人员在项目策划方面的自主性，使实验平台与研究团队的需求脱节。

案例 3

中国美术学院

中国美术学院为实验人员提供稳定的研究员和教授序列职位，该机制在职称评定中注重研究成果，同时更加强调实验人员在数据库建设等基础性工作中做出的成果和贡献。这种做法有助于确保数据库等基础性工作能够在职级评定中得到公正的评价。优势在于提供稳定的职业发展轨道，鼓励实验人员在基础性工作领域做出贡献，维护实验人员的稳定性和长期职业发展。然而，这一机制可能过于强调基础性工作，进而导致一些前沿研究被忽视，影响创新成果的产生。

横向和纵向问题可能导致资源浪费和团队实力下降。团队难以平衡技术平台和个人专业能力之间的关系，可能导致资源分配不均衡，造成资源浪费。横向问题涉及协作和知识共享，而纵向问题则与个人专业能力相关。团队成员各自拥有强大的个人专业能力但可能因缺乏协作而难以形成整体实力，导致团队沟通存在障碍，造成资源浪费。例如：数据库开发人员和利用数据库进行研究、发表文章的团队之间没有形成良好的合作关系。开发团队可能过于专注于技术细节和数据库功能的改进，而忽视了最终使用者的需求。使用数据库的团队可能对数据库的内部运作和细节了解不足，难以充分发挥数据库的潜力。

研究成果碎片化问题可能使项目成果缺乏综合性和深度。团队成

员过于专注各自领域，导致研究成果可能分散在不同团队或个体之间，难以系统整合。在跨学科研究中，成员如果只专注于各自领域的问题而不合作，可能会影响成果的综合性和深度。

困境三：在哲学社会科学实验室的团队建设过程中，项目结项阶段面临缺乏原创性成果及研究成果署名和贡献分配不公平问题，从而限制项目在国际学术界的影响力和话语权。[78]-[79]

缺乏原创性成果问题常源于团队成员未能在项目执行阶段培养自主创新能力并做出独特贡献。团队可能在项目执行过程中过于偏向常规研究，缺乏对创新性问题的深入探索。尽管项目取得了一些成果，但可能与国际学术界已有研究有较大的重叠，缺乏足够的独特性。当项目接近结项时，可能缺乏引人注目的原创性发现，进而影响项目的声誉和影响力。

研究成果署名和贡献分配不公问题可能是团队合作现实困境的产物。因为项目申请阶段可能采取了豪华团队模式，导致实际执行过程中可能存在团队成员不配合、合作效果不佳等情况，从而导致研究成果的署名和贡献分配问题突出。首先，项目申请阶段的团队构建可能包括多位成员，旨在展示团队的整体实力和声誉，使其在激烈的申请竞争中脱颖而出。然而，在实际项目执行中，可能只有少数几位成员投入实质性工作，其他成员参与程度较低，甚至未发挥作用，导致实际贡献与成员署名不匹配。其次，研究成果署名和贡献问题涉及多个层次。一方面，团队内部可能存在合作贡献不平衡情况，部分成员在项目设计，数据收集、分析和成果撰写阶段做出了重要贡献，而其他成员参与较少，这可能导致署名产生争议。另一方面，研究成果署名方式与国际学术界标准相关，不同领域对署名次序有不同理解。团队成员的不同背景和对署名次序的理解差异，可能导致署名问题产生纠纷和不满。

2. 以有组织科研推动哲学社会科学研究的发展路径

哲学社会科学研究的发展路径应综合考虑以上困境，并采取针对性的措施，以有组织科研推动团队建设和研究成果的综合发展。

阶段一：项目申请和团队构建阶段

在项目申请阶段，团队应注意避免陷入豪华团队模式陷阱。虽然引入知名专家可以在申请过程中增加竞争力，但必须审慎考虑成员的背景和成员间的方法论差异。团队领导者需要确保成员之间的协同合作能够顺利进行，避免在项目目标和方法选择上出现分歧。例如：可以设定明确的合作方向和共同目标，鼓励成员分享各自的专业知识，以形成有效的协同效应。

阶段二：项目执行和团队合作阶段

在项目执行阶段，团队应着重解决合作利益冲突和学科交叉不足的问题。团队成员应以项目目标为导向，协调各自专业领域的差异，以确保合作的顺利进行。为促进有效协同，可以设立跨学科的交流机制，定期组织讨论和分享会议，促进信息流通和知识共享，从而提升研究的综合性和深度。

阶段三：团队稳定和资源优化阶段

团队稳定是成功发展的关键因素，因此需要解决实验人员编制不稳的问题。为避免人员变动对项目连贯性产生负面影响，可以考虑建立稳定的实验员序列职位支持体系，如中国人民大学和中国美术学院所采取的方法，以确保实验人员在长期项目中的稳定参与。

阶段四：研究成果整合和团队发展阶段

团队应致力于解决横向和纵向问题，以避免资源浪费和团队实力下降。为了平衡技术平台和个人专业能力，团队应鼓励合作和知识共享，避免过度专注于某一领域。此外，要着力解决研究成果碎片化问题，促进成果的整合和深度发展。团队成员应在跨学科研究中保持开放的态度，合理整合各自专业领域的知识，以形成更具综合性和深度的研究成果。

阶段五：自主创新和国际影响力提升阶段

团队应在项目执行阶段注重培养成员的自主创新能力并使之做出独特贡献；鼓励成员从项目目标出发，提出创新性的研究问题和方法，避免过于追求常规研究方向；鼓励成员积极思考、勇于尝试新方法和跨学科探索，这有助于形成具有独特性的原创成果，从而提升项目在国际学术界的影响力和话语权。

综上所述，哲学社会科学研究的发展路径应当关注团队协同合作、多学科交流、资源优化和自主创新，以确保项目能够在国际学术界取得更大的影响力和创新成果。

三、人才的引进、培育和管理

哲学社会科学实验室需要围绕自身需求，阶段性完成多层次人才引进，培育优秀创新人才，组建国际化的研究团队，最终形成具有全球学术影响力和国际竞争力的研究团队。在跨学科研究中,实验室需要注意优化团队结构,合理化课题牵引管理制度,从而打造深度融合的跨学科交叉研究团队,确保团队产出丰硕的研究成果。

(一)需求导向型人才引进机制

哲学社会科学实验室需要围绕主攻方向,以课题需求为牵引,依托平台资源和领域优势,针对首席科学家、实验技术人员、研究生和其他人员等不同层次人才,综合利用专职聘用、全职双聘、访问学者、项目聘用等灵活多样的引才方式合理引进人才,支撑实验室建设课题团队,开展有组织的科研。

针对首席科学家,实验室应围绕主攻方向设立重大课题,或开放重大科技基础设施吸引相关学者在相关设施基础上确立前沿课题,从而以科研项目为载体,依托于国家部委、地方等发布的人才计划,吸引和聚集全球相关领域高端人才,形成顶层紧密合作生态。引进方式采用专职聘用、全职双聘以及柔性招引多轨并行模式,同时完善落实双聘人员兼职取酬政策,保障柔性招引政策落地。选拔流程以实验室高层次人才评议为主导,兼顾国际化和跨学科同行评议制度。

对于实验技术人员、研究生和其他人员,需要在首席科学家的带领下,形成学术背景结构合理、机制运作高效的团队以及协同发展的组织文化。针对实验技术人员,围绕首席科学家主导的课题项目,明确需求计划,利用专职聘用、项目聘用等方式引进实验技术人员。其选拔由所属课题负责人共同负责。针对研究生,依托课题项目招募研究生，全面提升研究生的科研和实践能力，充分挖掘实验技术人员和研究人员储备力量。其他围绕实验室开展科研活动的人员包括访问学者、青年研究员和博士后。针对这部分人才，实验室应与海内外知名高校和顶级科研机构保持紧密联系，周期性举办引才活动，持续进行社会招聘和人才补充。访问学者的引进需要围绕实验室当前需求，包括但不限于激活实验室已有资料、引入先进实验技术和开拓科研思路等。[80]博士后和青年研究者的引进需要围绕课题需求，以能够独立或与首席科学家合作，参与和推动研究项目为目的进行，增强实验室的研究力量。

特别需要注意的是，跨学科课题在引进人才时，需要注意不同学科背景的首席科学家比例，以确保团队能够全面把握课题的研究进展、研究价值和应用效果，同时需及时补充相关背景的实验技术人员以保障项目推进和落地。例如，在基于仿真技术的社会模拟实验课题团队中，至少需要一位计算机背景的首席科学家把控课题的研究价值和应用效果，配合一比一的社科、计算机通信学科背景的研究人员和实验技术人员，充分发挥团队人员跨学科的优势，为交叉融合团队探索出共同成长、复合高效的工作机制，共同推进课题顺利开展。

（二）多层分级的人才培育机制

哲学社会科学实验室为不同层级人才提供广泛的支持和发展机会，推动实验室内部形成积极的科研环境和创新环境，鼓励人才自下而上流动，形成内部良性循环，最终形成阶梯型研究团队，满足哲学社会科学实验室对有组织科研团队的建设需求。

对于首席科学家和访问学者，实验室提供其所需的资料、装置、平台和团队，允许他们在实验室主攻方向上开展创新前沿研究。例如，为首席科学家匹配固定研究团队并下发常规科研经费，在保证科研启动经费的基础上对重大项目优先立项、评审。同时，实验室积极推动社会资源的互通，为人才提供更多支持和合作机会，最终培养一批在专业领域具有知名度的学术带头人与科研领军团队。

对于青年研究员和博士后，实验室鼓励其在保障课题进展的同时，深化已有研究，并独立申请研究课题和项目。对于有能力和意向独立申请课题项目的青年研究员，实验室将会全力支持他们组建团队并为其协调资源，以期培养一批适应大兵团作战、具有国际视野、善于开展交叉领域研究的科研新星。

对于实验技术人员，实验室在项目参与之外，还为其提供学术能力培训和深造机会。鼓励其中优秀者依托实验室的平台和资源申请职称、构筑个人在特定领域的专家品牌。

对于研究生，实验室为其提供参与真实产业实践和产业共性攻关课题的机会，全面提升其科研能力和实践能力，并挖掘和吸纳有能力和意向的毕业生作为研究人员或实验技术人员的储备人才加入实验室。

（三）全面灵活的人才管理制度

1. 分类分级的绩效考评制度

通过制定明确的绩效考核指标，针对不同类型和不同级别的人才，有针对性地区分人才培养方向。人才的分类分级考核制度可适当参考企业的市场化考核制度，确保制度的合理性和公平性。

首先，围绕实验室主攻方向，建立全面的绩效考核指标量表，涵盖"学科支撑力、学术竞争力和话语影响力"等多维度的学术指标和成果转化等实践指标。[81]其次，针对不同类型人才，对指标权重进行差异化设置。例如，对于实验技术人员，可以加大科技转化和专利成果方面的指标权重；对于研究人员，可以强调论文输出方面的指标权重。再次，在每个绩效考评周期开始前，根据实验室下一阶段的目标和上一周期的指标完成情况，制定并公示不同类型和不同级别人才的本周期绩效考核指标。最后，在每个考核周期内，首席科学家以下级别的人才的绩效考核权限下放至其所属部门，而首席科学家及部门负责人的绩效考核权限归属于上级部门，同时也考虑利用同行评议制度对重大成果进行评估。

此外，分类分级的绩效考评制度需要与淘汰制度、激励机制、薪酬机制和晋升机制相结合，确保能够有效引导人才满足实验室阶段性需求，并产出丰硕的研究成果。

2. 竞争力薪酬与全方位福利保障制度

建立以岗位和绩效为重点的薪酬制度，通过合理确定薪酬水平、优化薪酬结构、完善薪酬激励机制等方式构建具有市场竞争力的薪酬机制。例如深圳先进院针对"领军人才"实行协议年薪制，同时通过购买国际保险、职业年金等方式优化员工薪酬结构，全面考虑优秀的员工收入问题。

全方位加强员工的福利保障，重点关注住房、子女入学和医疗保障等方面，以消除科研人员的后顾之忧。依托所在市区人才补贴项目，提供相应的实验室福利补贴，解决员工的住房问题；与当地教育集团合作，多渠道保障员工子女入学和暑期托育事宜；与权威医疗机构合作，建立定期体检和长期健康追踪制度。

3. 围绕实验室重点需求的激励制度

激励制度应服务于实验室当前阶段的重点需求。实验室预期建立有组织的科研模式，对于重大科研成果的激励奖励应当以团队为单位进行发放，探索成体系的团队内奖励分配模式，兼顾不同类型的团队成员，摒弃个人主义。

实验室在加强成果转化和产业合作方面，应根据实际情况，综合评估平台、团队和个人在全流程中的作用，尊重团队贡献和实验室的平台价值，可以考虑将一定比例的科研成果转移转化收入作为激励奖励分配给团队成员，同时也需要考虑在绩效考核指标中进行相应调整以配套奖励。

4. 内外部合作共享制度

对内建立支持有组织科研的体制机制，包括快速构建研究团队、完善装备和经费使用机制以及明确成果转化路径等。特别是在跨学科课题方面，实验室需要为交叉融合团队探索出共同成长和高效协作的工作机制，同时促进文理学科的相互支撑，以便快速将实验室长聘研究员培养成标杆型青年科学家。

对外建立多层次的合作共享制度，包括学术交流、人才培养和科学研究等方面。例如，设立交流专项资金，以鼓励优秀青年人才积极参与国内外的学术交流活动；鼓励实验室成员邀请国内外优秀研究人

员前来进行交流讲学；同时，与知名高校和顶尖科研机构建立合作关系，共同培养优秀人才、开展前沿课题等。这些举措将有助于实验室与国际科研界建立更广泛的联系和合作。

第七节

活动组织与对外合作

一、活动组织形式与组织策略

哲学社会科学实验室无论是在提高研究人员的学术水平，还是提升学术声誉方面，都需要浓厚的学术氛围。而要实现这一目标，就需要组织深入而广泛的学术交流。学术交流不仅仅是简单的信息传递平台，更是共享知识、拓展思路、启发灵感与创新的重要渠道，同时也是促进合作、产出更多高质量研究成果的关键途径。

（一）活动组织形式

哲学社会科学实验室定期举办学术交流活动，邀请顶尖学者分享最新研究成果，共同探讨当前学科领域的热点问题，以此塑造独具特色的学术产品。近年来，我国哲学社会科学实验室举办了一系列学术影响力较强的学术交流活动，包括但不限于学术研讨会、学术论坛、学术讲座、学术沙龙以及学术工作坊。举办学术交流活动对于建设哲学社会科学实验室具有以下重要意义。

1. 拓展资源网络

哲学社会科学实验室举办跨足多个学科领域的学术交流活动，通常会吸引政府、企业、学术机构和基金会等的支持和参与。借助学术交流活动，哲学社会科学实验室得以与政府部门、产业界以及学术界建立起广泛且全面的联系。这种联系不仅促进了学术资源的有机整合，同时也催生了不同领域之间的协作，使各领域学者共同致力于研究项目的推进、科研成果的转化等任务。

2. 激发灵感与创新

举办学术交流活动的价值不仅体现在学者之间成果与经验的分享，更在于其能够跨足多个学科领域，吸纳并融合全新的观点与思路，从而激发创新灵感。哲学社会科学实验室的成员通过与不同领域的学者进行深入交流，聆听多元观点的演讲，从而有机会接触到全新的思维模式和研究方法。这种学术交流有助于打破学科壁垒，促进不同领域之间知识、技术、数据的流动，为解决复杂问题提供了全新的视角和思路。

3. 推动科研成果转化应用

学术交流的主题不仅限于知识、经验和观点的交汇，还包括了如何将科研成果转化为实际的研究项目和应用案例的讨论。这种涵盖面广泛且详尽的学术交流有助于促进学术研究与实际应用的有机结合，从而加快科研成果向实际应用转化的速度，为经济社会发展带来实质性益处。

（二）活动组织案例

1. 中国政法大学数据法治实验室——"首届数据权益保护实务论坛"成功举办

2023年5月29日，中国政法大学数据法治实验室与知产财经联合主办的"首届数据权益保护实务论坛"在北京顺利召开。本次论坛以国务院发布的《中共中央国务院关于构建数据基础制度更好发挥数据要素作用的意见》提出的20条政策举措为基础，吸引了来自司法界、学术界、产业界等领域的代表，围绕数据权益相关话题展开了广泛交流和深入研讨。本次论坛为来自不同领域的代表搭建了一个跨界交流的平台，促进了知识、观点的共享和交流。

2. 清华大学计算社会科学与国家治理实验室——"双周沙龙暨计算社会科学工作坊（第30期）"顺利举办

2023年1月12日，清华大学计算社会科学与国家治理实验室采取线上的方式，顺利举办了"第30期双周沙龙暨计算社会科学工作坊"，并邀请清华大学公共管理学院副教授、国情研究院副研究员唐啸以《额外监督可以改善环境治理绩效吗？》为题作主题演讲，吸引了160余名本校师生及外部学者积极参与。本次沙龙暨工作坊为与会者提供了一个深入了解该领域最新研究成果的宝贵机会。

3. 上海交通大学数字化管理决策实验室——"疫情中的企业发展——历次大规模问卷调查的管理启示研讨会"圆满举办

2022年5月30日，上海交通大学数字化管理决策实验室和安泰经济与管理学院以线上会议的形式，召开了"疫情中的企业发展——历次大规模问卷调查的管理启示"专题研讨会。在专题研讨环节，分享嘉宾根据调研情况，分享了调研报告内容。与会师生深受启发并对疫情期间企业面临的机遇与挑战、复工复产的痛难点问题有了更加清晰和直观的认识。

（三）活动组织策略

哲学社会科学实验室在策划和组织学术交流活动时，应着重强调学术交流的质量，而非仅仅追求交流的规模和数量，这将有助于吸引更多的学者积极参与学术交流活动，从而扩大学术交流活动的影响力。

1. 坚持切实性原则

切实性原则要求哲学社会科学实验室制定实施措施可行、主题明确、内容丰富且形式灵活的学术交流活动。

（1）制度应具规范性。学术交流是哲学社会科学实验室的一项常态化工作，需建立一套完善且规范的制度体系，以确保学术交流活动有序进行。学术交流活动的制度应当明确学术交流的指导思想、总体目标、组织形式、经费管理等关键方面。在这一制度框架下，学术交流活动的指导思想应当清晰地阐述学术交流的价值与意义，强调知识共享、思想碰撞和跨学科合作等要素，以促进学术进步和创新。总体目标应明确界定学术交流活动的预期成果，例如促进学术研究水平提升、加强国内外学术合作等，为活动的策划和评估提供明确依据。同时，完善且规范的学术交流活动制度将为创造浓厚的学术交流氛围提供有力支持。

（2）主题应具有多学科性。为确保学术交流的质量，学术交流的主题要明确、内容要丰富，这就必须综合考虑学科的整体特点及发展趋势，同时也要尊重并突显各学科的学科独特性。为此，哲学社会科学实验室需要建立一套学术交流机制，该机制既要涵盖学科整体特点，又要兼顾个体特色，使得各学科在积极的学术氛围中共同发展。

（3）形式应具有灵活性。利用数字技术和网络通信技术，哲学社会科学实验室可以举办一系列专家学者主观上认可、客观上能参与的线上学术交流活动。这一创新形式能够突破地理和时间限制，激发广大专家学者积极参与学术交流活动。与传统形式相比，哲学社会科学实验室举办的线上学术交流活动不仅更具灵活性，还能够减少纸张印刷和物质消耗，从而减轻环境负担，使学术交流活动的理念与可持续发展理念相契合。另一个优势是在线上举办的学术交流活动通常能用多种方式保存并记录下来，如录屏和文字转写等。这使得学术交流的内容能够在更广泛的范围内传播与共享，有助于提升学术交流活动的影响力。

2. 建立联系渠道

在对全国30家哲学社会科学实验室逐个查询后，我们发现大部分哲学社会科学实验室在级别上多隶属于大学内部的某个学院，属于三级机构。[82]由于这种设置，大部分哲学社会科学实验室并未设立独立的对外交流办公室，也没有公开独立的联系方式。这种情况导致外界与这些哲学社会科学实验室难以直接取得联系，使联系过程颇为曲折。

为了改善这一现状，各哲学社会科学实验室有必要设立一个独立的对外交流办公室，以增强其与外界的沟通和联系。该办公室可以作为哲学社会科学实验室内部的一个独立部门，负责管理实验室与外界的交流事务。其职责涵盖与政府部门、学术机构、企业、媒体的沟通与合作，协助哲学社会科学实验室更加有效地推进项目合作、传播研究成果和组织学术交流活动等。

3.加强经费管理

活动经费是确保学术交流可持续发展的重要因素。哲学社会科学实验室应合理利用学术交流专项经费，并加强经费管理与监督，以确保这些经费得到合理的分配和使用。

在筹办学术交流活动前，哲学社会科学实验室需建立一套严格的学术交流专项经费使用制度，全面规范和监督经费在申请、下拨、使用，以及报销结算等各个环节的流程，确保每一笔经费都能得到最大化的利用，为学术交流活动提供全面支持。

这一制度的实施不仅可以保障经费的合理利用，还可以优化资源配置，确保活动成功举办。在经费申请阶段，需要详细说明活动的目标、预期成果以及所需经费，以此确保经费分配合理并符合预算。在经费下拨后，哲学社会科学实验室作为活动的主办方将根据预算策划会议场地、设备、人员安排以及餐饮等细节，以确保活动顺利举行。在活动进行中，哲学社会科学实验室需要委派专人监督经费的使用，以确保经费被合理地用于活动的核心部分，避免浪费和不必要的支出。活动结束后，经费报销和结算需进行透明化操作，确保每一笔支出都有合法有效的支出凭证。

二、对外合作模式

哲学社会科学实验室的核心使命之一是对社会现实问题进行深入探索。在这一使命的引领下，哲学社会科学实验室积极与政府部门、重点企业和学术机构开展多方合作，从而构建完整的创新生态链。

（一）对外合作主体

合作模式多样化具有深远而多维的影响。通过与政府部门的紧密合作，哲学社会科学实验室的研究成果得以更好地为政府部门提供更具科学性和专业性的决策支持。与重点企业合作，则可以将学术界的研究与产业界的实际需求紧密结合，建立稳定的合作关系。与学术机构合作，有助于促进知识的传播与交流，提升哲学社会科学实验室在学术界的声誉和影响力。

1. 政府部门：合作共生

（1）围绕项目开展合作。项目合作是将政府部门在特定领域内亟须解决的重大问题作为研究项目，旨在推动该领域的改革与发展，具有很强的针对性。这种合作模式下政府部门与哲学社会科学实验室共同关注影响该领域发展的核心因素，有助于明确研究问题，并推动设计一个或多个重大项目。再由哲学社会科学实验室选定该领域内的学术带头人作为项目负责人，与政府部门紧密对接，进一步细化研究计划，以确保项目的顺利推进。同时，政府部门将向哲学社会科学实验室开放更为详尽的原始数据，为项目团队提供更坚实的支持，以进一步提升研究结果的准确性和专业性。在这种合作模式下，哲学社会科学实验室得以为政府部门提供更具科学性和专业性的决策支持，从而增强其社会服务能力。

（2）建立需求导向的专家指导制度。哲学社会科学实验室通过建立需求导向的专家指导制度，可以充分发挥专家团队的知识、经验和技术优势，为项目顺利、高效实施提供有力支持。根据项目实际需求，哲学社会科学实验室可以灵活组建专家团队并采取不同的人员安排。这种灵活性使得专家团队能够根据项目的研究内容和目标进行有针对性的组合，确保团队的专业能力和研究方向与项目需求相匹配，最大程度地发挥专家团队的整体优势，提高研究质量。具体而言，专家团队中的固定人员由哲学社会科学实验室挑选，涵盖了不同学科背景的研究人员，是项目实施的主力军，为项目提供全方位的支持和指导。当项目面临技术等难题时，哲学社会科学实验室可以聘请外部专家加入专家团队，为项目提供具体指导。这种灵活的人员安排能够确保项目在面对挑战或难题时，能够及时地获得专业的指导，从而更好地解决问题。

（3）共同设立目标导向类开放课题。政府部门与哲学社会科学实验室共同设立目标导向类开放课题，旨在借助学术研究的力量，有针对性地解决制约经济社会发展的重大现实问题，为经济社会发展提供启示和决策支持。共同设立开放课题可以充分整合双方优势资源与力量。在这项合作中，政府部门为广大课题申请者提供了稳定的经费支持，而哲学社会科学实验室则在提供尖端研究设备和场地支持方面发挥着重要作用。这种合作使得学者们能够全身心地专注于课题研究，推动研究的深化挖掘和创新探索。

2. 重点企业：合作共赢

（1）合作共建研究基地。传统学术研究通常在学术界内部探讨问题，与企业的联系相对较少。为了突破这一局限，哲学社会科学实验室不断探索新的合作模式，其中与企业共建研究基地是实现学术研究与产业应用有效融合的重要举措。然而，在共建研究基地的过程中，哲学社会科学实验室需要在保持研究的独立性和学术自由的前提下，同时满足企业参与市场竞争的实际需求。因此，为了有效应对学术研究与商业利益之间的平衡问题，合作双方应构建以权责关系和运营机制为核心的治理结构。[83]首先，加强沟通协调，提前明确各自的职责和权利，并共同确立研究方向和研究目标。其次，需要建立健全的合作管理和运营机制，以确保学术研究与商业利益相互促进、相得益彰，达到双赢的局面。

（2）合作共建数据共享平台。学术界和产业界作为两个相对独立的领域，通过共建数据共享平台，可以搭建起双方交流合作的桥梁，从而建立紧密的合作关系。在这种合作模式下，哲学社会科学实验室可以充分利用企业积累的具有丰富实践价值的数据，进一步探索数据中隐藏的知识和规律，从而开展更具深度和广度的研究工作。同时，共建数据共享平台也为企业带来了实质性的益处。通过与哲学社会科学实验室的紧密合作，企业得以获得来自学术界的专业支持和指导，可以更加深入地挖掘数据中蕴藏的潜在商业价值，从而推动企业科技创新和业务升级，提升企业在市场中的竞争力。这种合作模式为合作双方在不同领域的发展提供了独特而宝贵的机遇。

3. 学术机构：合作共研

哲学社会科学实验室与其他学术机构联合申请科研项目，有助于推动学科交叉与资源共享，同时也能够为经济社会发展中存在的关键问题提供更全面的解决方案。

首先，联合申请的科研项目通常涉及多个学科领域，如哲学社会科学实验室专注于社会人文领域的研究，而其他学术机构可能更专注于工程技术、自然科学等领域。因此，联合申请科研项目可以实现不同领域之间的交叉与融合（文工交叉、文理交叉等），并有效地利用交叉学科的理论、方法、数据和技术，增强方法探索的有效性。其次，联合申请科研项目有助于促进资源共享，如设备共享、信息共享、人才共享，实现协同发展。[84]另外，这种合作模式还有助于解决制约经济社会发展的关键问题。当前社会所面临的关键问题通常具有多层次、多维度的复杂性。因而，有必要综合不同学科的知识和专业视角，使研究者能够在融合多元视角的基础上，探索问题的深层内涵，以提供更具科学性和可行性的解决方案，从而解决制约经济社会发展的核心难题。

然而，这种合作模式同样存在一些值得关注的问题。首要是资源分配和管理问题。联合申请的科研项目牵涉多个研究团队及其成员，因此需要精心规划资源分配，确保各方的利益平衡，以避免资源的浪费和潜在冲突。[85]其次，联合申请的科研项目会涉及知识产权的共享与保护问题。故而，在合作开始之前，必须确立明确的知识产权划分和保护方案，以确保合作的可持续性，防范因知识产权纠纷导致合作破裂。

（二）对外合作策略

1. 坚持需求导向

哲学社会科学实验室在拓展对外合作方面，应坚守需求导向原则，以确保其研究内容能够有效地支持经济社会发展并解决实际问题。首先，哲学社会科学实验室应积极与政府部门、重点企业、学术机构建立联系，保持紧密的沟通与合作，深刻洞察经济社会发展中的关键问题与紧迫需求。其次，哲学社会科学实验室应将经济社会发展中存在的现实需求视为研究的起点，将自身研究方向与社会需求相结合，使研究领域和研究方向不断走向细化和具化。[86]

2. 加强对外宣传

哲学社会科学实验室应充分利用媒体平台，包括微信公众号（微媒）、官方网站（网媒）、报纸（纸媒）等，提升哲学社会科学实验室的学术知名度和影响力。

在现代社交媒体环境中，微信公众号作为重要平台，扮演着信息传播的关键角色。哲学社会科学实验室应充分利用微信公众号，定期更新并发布最新的学术交流主题、活动预告等资讯，积累科研粉丝，逐步扩大哲学社会科学实验室的受众群体。另外，官方网站同样是展示哲学社会科学实验室对外形象的重要窗口。通过精心设计并不断优化的网站内容，向访问者展示哲学社会科学实验室的研究领域、人才团队、科研项目等重要内容，以提升外界对哲学社会科学实验室的了解。此外，传统报纸在数字化时代虽面临挑战，但仍拥有一定的受众基础。哲学社会科学实验室通过投稿的方式，在报纸上发表学术论文、智库研究等，向读者展示最新学术成果，可以进一步提高哲学社会科学实验室在学术界的知晓度和成果可见度。

第八节

配套制度与运行机制

一、组织结构

组织结构是指由组织内部设计的架构，用以明确不同部门、职能和岗位之间的相互关系、职责分配、权力配置以及沟通方式。它构成了组织的框架和蓝图，其本质是为实现组织战略目标而采取的一种分工协作体系。经过对全国30多家哲学社会科学实验室的调研，发现大多数隶属于高校的哲学社会科学实验室通常实行管理委员会领导下的主任负责制或理事会制度。例如，清华大学计算社会科学与国家治理实验室实行的是管理委员会领导下的主任负责制。

（一）主任负责制

在主任负责制模式下，实验室主任负责实验室的全面工作。实验室通常设立管理委员会、学术委员会、顾问委员会、综合办公室以及按研究方向设立的研究中心。其中，管理委员会是实验室最高决策机构，其职责通常包括制定实验室战略方向、决策重要事项、监督管理层运营和资源分配等；学术委员会是实验室的学术决策和指导机构，其职责通常包含制定实验室研究方向和发展规划等，学术委员会与管理委员会形成相互监督机制；[87]顾问委员会是实验室战略发展和重大决策的重要咨询机构，其成员通常是在相关领域具备崇高声望的顶尖学者。

（二）理事会制度

目前，一些哲学社会科学实验室也在借鉴国际经验的基础上，创新性地引入了理事会治理框架。在这一模式下，理事会作为组织内最高决策机构，由主要利益相关方的代表组成，负责制定组织的长期发展战略和重要决策。例如，对外经济贸易大学全球价值链研究院参照国际经验，在实践中建立了一套符合中国国情的科研机构管理体制，该体制由顾问委员会、董事会、管理层等多方组成，对科研机构的组织形式和管理机制进行了规范和创新。

二、组织管理模式

组织管理模式通常是指组织内部为了有效地实现目标，对资源、人员和流程进行组织和调配的方式和方法。目前，国内大多数哲学社会科学实验室在借鉴教育部重点实验室和国家工程技术研究中心等机构管理经验的基础上进行了一系列探索，提出了"人财物相对独立的管理机制"和"开放、流动、联合、竞争"的运行机制。

（一）人财物相对独立的管理机制

海南省和浙江省社会科学界联合会均提出哲学社会科学实验室应实行"人财物相对独立的管理机制"[88]，强调实验室科研人员、财务和资源的相对自治。这使得哲学社会科学实验室在经费、设备和人员配备方面拥有一定的自主权，可以根据实际需求和研究方向进行灵活的管理。这种相对独立的管理机制可以为科研人员提供更大的创新空间和自主权，有利于激发科研人员的积极性和创造力，推动研究工作的进展。[89]

（二）开放、流动、联合、竞争的运行机制

除了"人财物相对独立的管理机制"外，海南省和浙江省社会科学界联合会还提出，哲学社会科学实验室应实行"开放、流动、联合、竞争"的运行机制。此外，中国科学技术大学科学教育与传播安徽省哲学社会科学重点实验室和中国美术学院文创设计智造实验室也都采用了"开放、竞争、联合、流动"的运行机制，鼓励哲学社会科学实验室敞开大门，积极参与有益竞争，发挥各自优势，实现资源的共享与协同。其中，"开放"倡导哲学社会科学实验室打破封闭格局，立足于科技进步、国家发展战略以及国家经济建设，将实验室所拥有的资源在一定程度上向外部开放，以追求更加卓越的科研效益；"流动"主要指的是实验室内部科研群体的优化组合，国内哲学社会科学实验室的科研人员通常由固定与流动人员组成，且两者之间保持着动

态平衡，其目的是始终保持一支充满创造力且高度协作的精干团队，从而更好地展开基础性研究工作；"联合"意味着哲学社会科学实验室应当充分利用其内外部的科研资源，以优势互补的方式，与政府部门、重点企业、学术机构建立合作伙伴关系，形成科研联合体，共同合作攻坚；"竞争"则强调哲学社会科学实验室内部以及不同实验室之间应形成相互竞争的机制，以激发创新活力，促进科研进展的加速。"开放、流动、联合、竞争"是符合当今科技发展和哲学社会科学实验室建设需求的运行机制，这有助于哲学社会科学实验室始终保持活力，进而推动科学技术不断取得进步。

三、项目管理机制

哲学社会科学实验室的项目管理机制是确保实验室项目高效运作并实现设定目标的关键要素。通常哲学社会科学实验室会根据项目的来源进行分类管理，并积极提倡设立自主课题和开放课题，以促进创新和合作。

（一）依项目来源分类管理

经调研发现，国内各高校、实验室等学术机构通常会根据项目的来源和要求差异，结合实际情况，对纵向科研项目、横向科研项目以及自设科研项目进行分类管理，并针对不同类别分别制定相应的规章制度。如之江实验室，根据项目来源，制定了《之江实验室横向科研项目及经费管理办法》《之江实验室纵向科研项目经费管理办法》《之江实验室纵向科研项目配套管理办法》《之江实验室自设科研项目经费管理办法》《之江实验室自设科研项目立项管理办法》《之江实验室探索性项目管理办法》等一系列规章制度。

（二）鼓励设立自设课题和开放课题

为了激励研究人员在探索新领域、新思路和新方法方面更加积极，促进科研的创新与突破，同时加强与外部的交流与合作，哲学社会科学实验室通常会设立自主研究课题和开放课题。如《海南省哲学社会科学重点实验室建设管理办法》(以下简称"管理办法")，要求海南省哲学社会科学重点实验室应当围绕其主要任务和研究方向设立自主研究课题，组织专业研究团队展开持续且深入的系统性研究。另外，实验室还可以设立开放课题，统一面向全省甚至全国范围，以公开招标的方式开展研究。此外，管理办法也明确规定了自主研究课题的期限和验收标准。课题的期限一般为1至4年，具体时长将视课题成果的类别而定。例如，以研究报告、决策咨询报告和评估报告为结题形式的课题，其期限最多为2年；而以项目设计规划、数据模型和著作等为结题形式的课题，期限最多不超过4年。同时，管理办法要求课题的检查和验收应当遵循"鼓励创新、稳定支持、定性评价、宽容失败"的原则，定期检查课题的执行情况，并及时进行验收。

四、经费管理机制

建立经费管理机制对于哲学社会科学实验室的健康运转和可持续发展至关重要。这一机制不仅有助于保障经费的合理分配和有效利用，还能够提升经费使用的合规性以及财务透明度，从而为哲学社会科学实验室的长期发展奠定坚实基础。

（一）建立明确的经费管理制度

哲学社会科学实验室应制定清晰的经费管理制度，明确经费的来源、分配和使用等详细流程，确保经费的透明性和合规性。首先，哲学社会科学实验室需明确经费来源，全面了解其财务情况，减少对单一经费来源的依赖，增强经费来源的多样性和稳健性。其次，经费管理制度应明确规定经费申请、审核、审批和支出等环节的具体要求，以提高经费使用的透明度。最后，定期对哲学社会科学实验室的经费使用情况进行审计，强化对资金使用违规行为的审计和查处，以确保经费使用的合规性。

（二）拓展多元化筹资途径

哲学社会科学实验室应当明确多元化的筹资途径，降低依赖单一来源经费的风险，确保筹资的长期可持续性。哲学社会科学实验室的经费来源多是教育部、各省社科联等部门拨发的专项建设经费。然而，若仅仅依赖这些资金支持，一旦资金出现中断或终止，哲学社会科学实验室可能陷入经费短缺的困境，这将直接影响其正常的学术研究和日常运作。因此，倡导哲学社会科学实验室通过项目委托、接受购买服务、社会资助等途径自筹经费，以克服单一经费来源带来的各种限制，从而促进哲学社会科学实验室持续发展和创新。

五、安全管理机制

安全管理机制是建设哲学社会科学实验室不可或缺的一部分，在确保实验室稳定运行以及保护数据和信息安全等方面至关重要。哲学社会科学实验室可从系统及数据安全、仪器设备安全、成果及产权保护等方面建立健全安全管理机制。

（一）系统及数据安全管理

哲学社会科学实验室所涉及的研究内容和调查数据通常涉及个人隐私和敏感信息，确保哲学社会科学实验室内部数据的机密性不仅是道德伦理的要求，更是法律法规的规定，这不仅是对研究对象的尊重，还是维护实验室学术声誉和社会稳定所必需的措施。在现代科研过程中，大量的数据存储、处理和传输都依赖于计算机系统，因此必须确保系统和网络的安全性。为此，哲学社会科学实验室应建立严格的数据访问权限控制体系，定期备份数据以应对硬件故障、人为错误或其他潜在风险，并采取防火墙、入侵检测系统和反病毒软件等网络安全措施，确保实验室网络的安全性和数据的保密性。

（二）仪器设备安全管理

哲学社会科学实验室对仪器设备的安全管理涉及多个方面，包括但不限于设备的定期维护、安全存放、安全使用、借用规程、紧急应对计划和合规性管理等环节。具体而言，一是制订详细的设备维护计划，定期检查和保养仪器设备；二是提供安全的设备存储空间，防止设备被盗或损坏；三是加强对实验室内部成员的安全培训，确保研究人员能够正确操作仪器设备；四是建立仪器设备的借用和归还规程，追踪设备的位置和状态；五是制订应急计划，以应对设备故障以及其他事故或灾难；六是确保实验室仪器设备安全管理标准与相关的法律法规和安全标准保持一致。

（三）成果及产权保护

为加强哲学社会科学实验室对科研成果的规范管理，有效保护知识产权，激发科研人员的创新热情，促进科技成果的转化与应用，哲学社会科学实验室应制定完善的科研成果与知识产权管理办法或制度，明确科研成果的归属和使用权，清晰界定实验室、科研人员以及合作伙伴之间的权责关系。同时，哲学社会科学实验室应定期审查实验室成果的使用情况，防止出现知识产权侵权行为。

六、组织文化建设

组织文化建设在职业道德、科研文化和党建文化三个方面具有积极且重要的意义。它为哲学社会科学实验室提供了文化引领，助力实验室内外的积极互动与发展，为实验室的长远发展奠定了坚实的文化基础。具体可从职业道德、科研文化、党建文化等方面开展组织文化建设。

（一）职业道德建设

职业道德是哲学社会科学实验室组织文化建设的核心要素，它要求研究人员对组织价值观和道德准则保持忠诚。哲学社会科学实验室成员应秉持高尚的职业道德，坚守诚实守信原则，严格遵守学术诚信，杜绝一切学术不端行为。哲学社会科学实验室应制定明确的行为准则和规范，强化对研究伦理和道德的培训，提高实验室成员道德底线。

（二）科研文化建设

哲学社会科学实验室应营造宽松民主、潜心研究的科研环境，鼓励创新、支持学术自由、重视学术诚信。鼓励科研人员敢于挑战传统观点、追求卓越、分享知识，积极参与学术对话。开展经常性、多种形式的学术交流活动，激发科研人员创新思维、促进学术合作，为解决实际问题和取得研究突破提供重要平台。

（三）党建文化建设

党建文化建设对于提升哲学社会科学实验室的内部凝聚力和一体性至关重要。哲学社会科学实验室可将党建元素融入科研项目的策划和执行中。例如，组织开展主题党日、党员座谈会等活动，使党建活动与科研活动相互交融，增强哲学社会科学实验室成员的参与感和归属感。同时，党建工作应在青年人才培养中发挥引领作用，重视对青年科研人才的培养和选拔，如制订青年人才培养计划等，鼓励青年科研人员在工作中施展才华，从而为实验室的发展注入新的活力。

七、开放共享机制

近年来，哲学社会科学实验室对外开放和共享情况备受重视，这一点可以从各级社科部门在哲学社会科学实验室的申报书中得到印证。建立开放共享机制对于哲学社会科学实验室具有重要意义，不仅有助于优化资源配置，促进学术交流和创新，提高研究影响力，也可以推动哲学社会科学实验室与社会紧密联系。

（一）科研仪器设备共享

提高科研设施的利用效率，促进科研成果的共享和传播，哲学社会科学实验室首先应建立透明的共享制度，明确开放的范围、条件、申请流程等，以确保科研人员、机构和合作伙伴都能清楚了解共享的条件和方式。其次，哲学社会科学实验室应积极构建科研仪器设备共享平台，主动接入各省、市建立的科研设施和科研仪器的开放共享服务平台，建立一个既能服务于实验室内部又对外开放的科研仪器设备共享平台。

（二）知识与技术共享

开放共享的理念不应仅限于设备资源的共享，更应扩展到知识与技术共享的层面。为实现这一目标，一是哲学社会科学实验室可以通过举办学术讲座、学术研讨会、学术论坛等方式来增加科研人员之间交流合作的机会，以加强科研人员之间的知识与技术的共享；二是通过建立激励机制，以考核、奖励、提供资金支持等方式，鼓励哲学社会科学实验室科研人员主动在共享平台上分享知识与技术；三是鼓励哲学社会科学实验室开展合作研究，激发创新活力，共同推动哲学社会科学研究的深入发展。

第四章

展望：哲学社会科学实验室未来发展趋势

第一节

未来哲学社会科学实验室发展的几大趋势

一、聚焦社会重大问题

哲学社会科学作为研究社会现象和人类行为的学科领域，其价值和影响力在于其对社会重大问题的解决能力。这些重大问题涵盖了社会发展、人类行为、道德伦理、社会公正、文化变迁等，对人类社会的进步和发展具有深远影响。当前社会正面临计算机、核能、生物医药等诸多领域颠覆性技术的冲击，传统社会科学研究议题面临新的困境，新的社会科学问题正在不断涌现。因此，与传统哲学社会科学研究聚焦特定领域问题不同，哲学社会科学实验室应将解决当前社会面临的重大问题作为首要任务，并致力于产出服务于社会重大问题且具有实践意义的科研成果。纵观国外知名哲学社会科学实验室数十年发展历程，其愿景和使命都可归结为探索社会发展的重大问题，并注重研究的实践意义。

美国圣塔菲研究所将复杂性科学应用于实际问题，并与企业、政府机构、非政府组织、非营利组织和个人等多方主体合作，在技术发展、城市可持续发展和流行病追踪等社会紧迫问题上取得了重要的应用突破。美国宾夕法尼亚大学计算社会科学实验室专注于利用计算方法处理大规模数据，以应对现实社会面临的迫切挑战，例如建立了COVID-19传播模型和检测媒体传播的错误信息等。德国马克斯·普朗克学会下设的马克思普朗克人口研究所持续关注人口问题、老龄化、生育与人类福祉、移民问题和不平等问题等社会学重要议题，他们采用数字技术驱动的新研究方法和新数据源，对以上议题进行长期追踪研究。而日本神户大学计算社会科学研究所则专注于利用大数据和计算技术来分析社会经济现象。尽管这些实验室的重点各有不同，但在数十年的发展中，它们都明确了为解决社会重大问题提供服务的使命和愿景。教育部公布的首批30所哲学社会科学实验室，重点皆聚焦于社会治理、国家舆情、智能教育、金融安全、低碳治理、语言发展、生物考古等社会经济发展领域，从侧面反映出我国的哲学社会科学研究正逐渐走出与社会实际需求相脱节的困境，哲学社会科学实验室的目标正逐渐转为立足国家和区域需求，解决当前社会发展面临的重大问题。

与传统哲学社会科学实验团队相比，哲学社会科学实验室通过有组织的科研模式和大型研究装置的技术支持，能够更加聚焦和有效地探索社会重大问题，并在实践中产生真正具有社会价值的成果。一方面，哲学社会科学实验室强调有组织的科研模式，更加重视研究选题、研究过程、研究工具以及不同研究主体之间的协同创新，强调符合国家战略导向、学科交叉融合和大科学计划的组织实施。[1]-[2]且实验室能够高屋建瓴地指导哲学社会科学领域的科研力量，有针对性地聚焦社会现实中的核心问题和难点，以更有系统性和导向性的方法解决社会发展中的旧问题和新问题。这种系统性和导向性更强的科研模式在当前复杂多变的科技和社会环境中具有重要的指导意义，有助于科学家及时与社会需求对接，促进科研成果向实践产品转化，实现真正的社会价值。另一方面，哲学社会科学实验室具备大型研究装置，为数字技术驱动的前沿社会科学实验提供决定性的技术支撑。传统的技术社会实验主要通过从已发生的"事故"中学习，寻找已经发生的意外事件来找出既有知识的不足。而哲学社会科学实验室基于数字技术驱动的新研究范式，旨在系统性、前瞻性地探索社会重大问题，进行社会预测以推动风险预防方向的研究成果转化。大型研究装置在建立宏观社会的数字孪生模型、准确推演社会发展趋势与政策干预效果等方面发挥着重要作用。

综上所述，未来哲学社会科学实验室将聚焦于解决社会重大问题，而不仅局限于解决特定领域问题或产出实践意义不强的科研成果。通过探索社会重大问题，实验室可以为社会发展提供有效的解决方案，促进学科的创新和进步，与社会各界形成紧密的合作关系，实现科学研究与社会实践的有机结合。

二、深化跨学科研究

2020年12月31日发布的《教育部社科司关于启动教育部哲学社会科学重点实验室试点建设工作的通知》（教社科司函〔2020〕125号）将文理交叉融合成效作为申报哲学社会科学重点实验室的重要条件。2022年5月，中共中央宣传部、教育部联合印发的《面向2035高校哲学社会科学高质量发展行动计划》明确提出，推进云计算、大数据、人工智能、生物基因工程等新技术有机融入高校哲学社会科学，建设跨学科课程体系，组建跨学科教学团队，构建技术与知识结合、文理学科融通的育人新格局。同时，目前国内外知名社会科学实验室都聚焦于跨学科研究。例如，美国宾夕法尼亚大学计算社会科学实验室将计算机科学、统计学和社会科学融合，利用数字数据和平台解决现实世界的挑战性问题；国内清华大学计算社会科学与国家治理实验室立足公共管理、政治学、法学、经济学、新闻传播学、社会学等哲学社会学科，融合计算机科学与技术、电子科学与技术、软件工程、数学等理工学科资源，建设面向经济社会重大场景应用和需求的治理仿真平台，运用数字化技术开展政策推演仿真和社会实验等。由此可见，开展跨学科研究是哲学社会科学实验室未来发展的重要趋势。

近年来，哲学社会科学领域越来越重视跨学科研究并积极拓宽学科边界，以获取更广泛的知识视野和更深入的洞察力，同时能够更好地应对复杂社会问题。一方面，当前全世界正经历新一轮的科技革命和产业变革，现代科技对社会的冲击已成为当下哲学社会科学研究的重点和难点，传统的自然科学和社会科学分类阻碍了社会科学学者们系统、科学、精细地理解和研究社会转型时期的复杂社会现象，学科壁垒亟待被打破。

另一方面，现代自然科学的飞速发展支持哲学社会科学的研究者们重新梳理和建立现代哲学社会科学实验体系，以推动学术思想和理论创新发展。例如，基于脑神经科学开展的认知领域研究，延伸出了神经决策科学、神经营销等交叉学科，这是从自然科学角度解读传统认知行为理论产出的创新成果。[3][4]云计算、物联网等技术支撑的快速收集和存储多维度海量数据成为哲学社会科学领域重要的新型研究素材。[5]计算机技术的发展则支撑着哲学社会科学实验提取有效数据、转化数据、进行实证研究和检验实验结果等。[6]通过改革实验场景、提供研究素材以及创新处理方法等途径,自然科学与社会科学的学科交叉将突破传统哲学社会科学领域已有研究方法的限制,拓展哲学社会科学认识和实践的研究维度,更宽广且深入地揭示复杂社会现象,最终解决社会重大问题,服务于国家和地区重大战略需求。

围绕跨学科研究,哲学社会科学实验室在设施、人才和成果转化机制等方面各自具有典型特征。

(1)在设施方面,行为实验、政策仿真、平台实验等实现的前提是实验室可以通过新兴技术模拟真实应用场景,这需要实验室具有基础研究设施。以计算社会科学为例,美国宾夕法尼亚大学计算社会科学实验室、日本神户大学计算社会科学研究所以及国内之江实验室等都在投资建设计算大装置以满足实验技术需求。

(2)在人才方面,适应跨学科研究的灵活人才管理和培育机制将是未来哲学社会科学实验室人才管理机制的发展方向。目前南开大学经济行为与政策模拟实验室已经对如何灵活管理人才流动以支持跨学科研究进行了有效探索。该实验室以教育部资助实验室建设经费为激励,将不同学院的人员归于下属五个专业实验室,项目负责人和学科带头人有权在实验室整体范围内跨专业实验室自由选人进入跨学科课题。同时,哲学社会科学实验室仍然需要积极承担教育职能,以打破传统学院和学科之间的壁垒。为培养跨学科人才,实验室可以考虑开展交叉学科人才培养项目，这可能成为实验室未来跨学科人才培育的模式，例如武汉大学王晓光教授提出的依托跨学科的本硕博贯通培养制。

（3）在成果转化机制方面，实验室需要因地制宜地发展具有自身特色的产学研用创新模式。当下哲学社会科学研究个人和单位都在尝试产出类似于自然科学实验室的丰富成果以满足国家、区域和行业发展的需求。[7]–[8]例如，南开大学经济行为与政策模拟实验室自主研发了排污权交易拍卖机制软件。目前，哲学社会科学实验室的成果产出已经实现了从零到一的初步创新与突破，具有社会和经济价值的重大成果也在陆续产出。

三、打造开放平台

未来哲学社会科学实验室将在研究、人才、数据、知识和设施等方面增加平台的开放性。这将有助于推动学科的发展，促进跨学科合作，加强资源共享，提高研究效率，为解决社会重大问题提供更全面支持。

（一）加强研究开放

一方面，哲学社会科学实验室将鼓励研究者选择多样化的研究主题，从不同的角度和领域思考问题，开展跨学科的研究，以应对复杂的社会挑战。北京大学全球风险政治分析实验室主任庞珣提出:"社会科学的重大研究议题并没有单一的'前线'或'前沿',无法朝着某个单一的方向'行军'"。[9]在社会转型的当下,社会科学正面临一片巨大而未知的研究领域,任何角度的创新探索都可能产生意外收获。

另一方面,哲学社会科学实验室将积极倡导开放式研究方法,鼓励研究者选择最适合其研究目标的方法,包括传统的定性和定量方法、模拟仿真方法、社会数据计算方法、平台实验方法、案例研究等。这一开放式研究方法旨在提高研究的质量和可信度,从而使研究结果更加可靠和科学。同时,实验室还将探索建立研究方法的标准和规范,以确保研究方法的透明度和可重复性。

(二)加大人才开放

哲学社会科学实验室将进一步向全球开放,引进来自不同领域的高水平人才。实验室将采用柔性的人才引进机制,如访问学者、双聘等方式,以吸引具有产业经验和研究经验的资深专家。这一举措将促进实验室的跨学科合作和全球性研究网络的建立。

同时,哲学社会科学实验室将培养跨学科的青年研究人才,鼓励他们在不同领域进行研究,跨越学科边界,以多学科的视角解决社会问题。这可以通过开设跨学科的研究项目、组织内外部学术交流活动和提供跨学科培训等方式实现。

（三）深化数据开放

哲学社会科学实验室将围绕主攻方向，建立并分级开放专有数据库。目前在国外知名哲学社会科学实验室中，构建和开放研究数据库已非罕见，例如日本神户大学计算社会科学研究所创建并共享包括社交媒体数据、人口统计数据和经济数据等计算社会科学相关的多维数据集和数据库。

通过开放数据库，研究人员得以借助他人的数据进行再分析、验证和复制研究结果，进而推动科学知识的积累和发展。为应对复杂社会问题，不同领域的研究人员可以共享并开放访问各自领域的数据，从而促进跨学科研究和合作，深入探讨多学科问题和社会复杂系统。

（四）促进知识开放

哲学社会科学实验室将建立一个开放的知识平台，用以分享阶段性的研究成果、展示研究队伍、整理和开放与研究高度关联的历史文献和情报资料等。通过搭建开放的知识平台，哲学社会科学实验室为研究人员提供了一个广泛分享和讨论研究成果的平台，促进了学术交流和学科间的合作。例如，美国哈佛大学定量社会科学研究所的存储库平台就是一个典型案例，为研究人员提供集中存储和分享社会科学研究数据、代码和文献的平台，还提供工具协助研究人员管理和共享他们的研究项目。

同时，哲学社会科学实验室将积极鼓励提高科研成果面向社会大

众的可访问性。通过知识的开放共享，实验室可以将科学知识、原理和方法以更加直观有效的方式传播给公众。通过观摩或体验科学实验，公众得以更深入地了解科学方法和科学思想，培养对科学探索和未知世界的兴趣，提高科学素养，这有助于未来的科研人才培养。

（五）推进设施开放

未来，哲学社会科学实验室将向多用户、多领域开放实验装备平台，丰富自身经费来源的同时，促进实验室与业界紧密合作，推动社会科学研究的创新和发展。目前，国外知名哲学社会科学实验室都在投入大量资源来搭建尖端高效的研究基础设施，包括哈佛大学定量社会科学研究所、宾夕法尼亚大学计算社会科学实验室和德国莱布尼茨社会科学研究所等。面向学术界，哲学社会科学实验室将提供先进的数据分析工具、智能计算平台和模拟推演系统，帮助研究人员在社会科学领域进行具有创新性的实验研究。这些设施和平台将支持大规模数据的采集、处理和分析，提供基于数据驱动的洞察和模型验证，从而促进社会科学的不断发展和进步。

与业界合作，实验室可以吸引企业和创业公司利用实验室的设施和资源进行研究和开发，为他们提供智能计算和模拟推演等方面的支持，从而降低其研发成本，促进科技创新。适当收设施使用费用可以帮助实验室维护设施的运营和更新，增加实验室的经济效益。同时，与业界的多边合作也有助于实验室更好地理解和解决实际问题，有助于研究成果的实际应用。通过与企业和创业公司的合作，实验室可以更全面地了解市场需求和行业趋势，从而指导研究方向并优化研究成果的应用性。

四、塑造国际品牌

现代科技引发的社会问题不仅是中国问题，更是世界问题。在"大科学"时代，闭门造车的研究机构注定难以为继。未来哲学社会科学实验室的发展必然以形成国际竞争力为目标，对内促进人才和合作的良性循环，对外宣介中国主张，这才是新时代一流哲学社会科学实验室建设的应有之义。

塑造国际品牌是哲学社会科学实验室形成人才和合作关系良性发展循环的关键环节。从人才视角看，随着品牌国际影响力的提升，哲学社会科学实验室配套强有力的人才引进政策，高学历、高层次海外人才将加速回流，而顶尖的科学家及其团队则是哲学社会科学实验室获得重大成果的关键因素。从合作视角看，良好的品牌能够为哲学社会科学实验室与工业界、政府部门以及其他国际学术机构的合作搭建桥梁。与工业界和政府的合作能够推动基础理论研究服务于实践应用，甚至以需求为导向产出重大成果。与国际学术机构的合作，能够联合开展社会科学领域的国际间科学计划，从而形成更具有价值普适性的理论和成果。

哲学社会科学实验室的建设和发展将立足中国，面向世界。中国哲学社会科学实验室通过深化与国内工业界和政府部门的合作，在本土实践中开展哲学社会科学实验，揭示具体场景具体现象背后的理论逻辑和发展规律，在实践中产出扎根于中国的原创型学术成果和优秀实践案例，从而针对国际社会共同重大问题提出基于中国经验的解决方案。[10]继而通过在国际知名刊物、平台上推广中国经验，发出中国声音，使中国模式更容易得到国际社会的认可。

哲学社会科学实验室要打造国际品牌，需要在重大成果和实验室平台方面双管齐下加强宣传，同时积极促成并深化国际合作关系。在宣传方面，实验室需要加大对已有重大或成体系化成果的宣传力度，支持成果在领域内知名的国际学术交流平台上宣传推介，塑造特定领域的专业品牌；同时，要加强实验室整体品牌塑造，定期举办聚焦前沿热点的论坛，邀请社会各界人士参访交流，并加强与权威媒体的品牌推广合作，全面提升实验室的社会知名度和业内声望。在宣传手段上，应拓宽宣传推广渠道，善用国内外新兴媒体形式和资源，并精准锁定受众群体，以扩大实验室在业界、学术界和公众中的影响力。在深化合作方面，应积极融入所处领域的学术和工业网络，主导或参与国际和区域的重大科学计划，成为国际科学研究、国际产业技术研发、国际标准制定等关键国际组织的重要成员。在现代技术变革所引发的社会转型期间，应提出中国优秀案例，争取国际规则的制定权，为国家在全球科技和经济竞争中提供助力，使中国在国际竞争中占据有利位势。

第二节

哲学社会科学实验室发展需要应对的挑战

一、身份定位不清晰

（一）实验室定位被弱化

尽管国家在设立哲学社会科学实验室方面一直持谨慎态度，但囿于长期以来学科之间存在偏见和对社会科学的刻板印象，哲学社会科学实验室的定位仍然被弱化。我国在自然科学实验室建设方面投入了大量资源，已经形成了一套成体系的实验室建设方法，并且在建设成效方面获得到了学界和业界的广泛认可。然而，在哲学社会科学领域，国家层面长期以来的关注和资金投入相对较少，甚至有很多人仍然错误地认为哲学社会科学研究不需要实验室，这导致哲学社会科学实验室的建设严重滞后于国际先进水平。[11]-[12]

（二）缺乏全局统筹

从领域分布看，现有哲学社会科学实验室的领域定位呈现高度同质化特点。自教育部启动哲学社会科学实验室建设以来，各地各高校积极响应，但是领域聚焦同质化，建设内容相近。[13]例如，经济学作为对前沿计算技术较为敏感的学科，各高校经济学院可能原本就设有相关实验中心，在政策制度的压力下，一些实验室进行了转型或者新建，导致经济学实验室数量迅速增加。公共政策研究领域也出现类似现象，在九所教育部哲学社会科学实验室试点中占据三席，而且其他高校的实验室仍在陆续建立。同质化的哲学社会科学实验室太多不仅导致社会资源碎片化，无法聚焦攻关重大课题，而且大量资源被浪费在重复建设和内耗竞争。同时，各实验室都按照全创新链和产业链进行规划布局，但是受制于资源而无法如期发展，最终"眼大肚小"无法实现创新链和产业链的协同，终将成为小作坊式科研的放大版，无法体现我国集中力量办大事的举国体制优势。

从区域分布来看，2021年教育部首批公布的9所教育部哲学社会科学实验室（试点）无一在中西部地区，而21所哲学社会科学实验室（培育）仅3所位于中西部。这与解决我国当下区域发展不平衡问题的需求存在错位。然而，中西部的发展需要协同当地政府力量、哲学社会科学学界力量和社会力量，结合中西部特殊地理人文环境谋求发展模式。[14]中西部地区同样需要建设哲学社会科学实验室，结合当地社会实践探索和解决发展问题。

（三）缺乏精细管理政策

目前我国的哲学社会科学实验室仍处于全方位布局阶段，尚未形成体系化格局，分类型、梯度化的实验室管理政策尚未出台。参考区域经济发展需求和全国重点发展学科目标，哲学社会科学实验室的建设需要进行分类别、多层次、梯度化地进行，避免分散投入和重复配置，提高科研资源投入的产出效率。[15]然而，不同类型和层次的哲学社会科学实验室的目标定位、服务对象和考核标准都存在差距，管理方法和支持政策不能一概而论，相关精细管理政策仍然缺位。此外，由于当前哲学社会科学实验室的性质类型尚未确定，与社会组织管理制度匹配也存在边界模糊的问题，当前政策并不能妥善完成哲学社会科学实验室的管理。

二、内部管理不完善

（一）理事会治理制度作用发挥不充分

目前国内大部分哲学社会科学实验室依托高校建立，因此实验室的理事会治理制度在行政级别制约下未能充分发挥作用，无法真正发挥联合治理的优势。理事会由主要利益相关方代表组成，是哲学社会科学实验室的决策机构，下设评估委员会、审计委员会等部门，负责单位发展规划、财务预决算、重大业务、章程拟订和修订等决策事项，按照有关规定履行人事管理和监督职责。理事会制度领导下的中心主任负责制是实验室作为协同创新平台通常采用的管理架构。理事会制度在哲学社会科学实验室的平台治理和多方系统协同中起着关键性作用。然而，根据2021年教育部公布的首批教育部哲学社会科学实验室名单，目前国内哲学社会科学实验室大多依托高校建立，成员受高校行政制度管辖，理事会制度容易流于形式，无法发挥多方主体联合治理的优势，难以实现以需求为导向的有组织科研和创新链多主体协同创新的目标。

（二）管理机制缺乏顶层设计和实践优化

哲学社会科学实验室的管理机制尚无顶层设计和政策指导，缺乏统一规划和系统化的管理机制。目前，哲学社会科学实验的内部日常管理文件是参考理工科实验室管理文件，再在发展中依据具体实验室需求逐步自下而上进行微调而形成的，缺乏自上而下的国家层面体系化标准化的顶层设计。在顶层政策指导缺位的情况下，哲学社会科学实验室建设和发展中遇到的实践问题缺乏明确的指引，难以找到匹配实验室发展需求的最优解决方案。例如，哲学社会科学实验室人员兼职兼薪、离岗创业的制度尚未明确；国际人才来华在哲学社会科学实验室从事研究，其在国外的项目资金如何在国内使用尚未明晰等。

此外，不同哲学社会科学实验室之间、哲学社会科学实验室与其他机构之间的协同创新机制均缺乏顶层政策指导。哲学社会科学实验室不同于传统科研机构，它强调创新链上不同利益相关主体的协同，追求需求导向和资源互补。[16]顶层设计和系统化管理机制的缺乏可能阻碍实验室跨机构、区域性的开放创新和协同发展。

三、创新能力有待提升

（一）市场化路径不明确

市场需求传导至哲学社会科学实验室创新源头的路径尚未明确，出现科研应用"两张皮"现象。哲学社会科学实验室是基础研究和源头创新的主要力量，拥有较强的学科、人才、科研设备和科研成果的综合优势。国内高等院校主导的哲学社会科学实验室大多采用自建的成果转化平台和孵化器，后者仍在探索阶段，服务水平不高。而且这些转化平台中将市场需求反馈到科研创新的机制尚未完善，加之其本身服务于综合学科，更是对社会科学成果存在固有偏见。非高等院校主导的哲学社会科学实验室尚无衔接市场需求和科研开发的体系化中间平台和机制，成果落地往往缺乏应用场景的承接。[17]目前哲学社会科学实验室主要以接收政府主导的项目和个别横向项目为主，被动进行市场化，在项目的需求编制、实施管理、评估评审等过程中，话语权小、参与程度低，缺乏有效的需求互动和反馈机制，极易出现科研应用"两张皮"现象，导致创新链对满足产业链需求和解决社会问题缺乏具有针对性的支撑作用。

（二）跨学科研究存在障碍

哲学社会科学实验室仍需持续探索交叉学科的融合方法，目前哲学社会科学进行的跨学科研究中仍然存在照搬自然科学实验方法、过度追求技术等问题，可能导致跨学科研究对社会现象的理解不够全面深入，针对社会问题提出的解决方案过于简化片面。照搬自然科学方法可能忽视哲学社会科学研究对象（即人类和社会运行规律）的主体性和复杂性，以致无法全面理解社会现象。同时，自然科学实验通过大样本和随机抽样追求普适性和可重复性，而哲学社会科学的研究对象存在较高的个体差异和场景依赖性，照搬自然科学研究方法可能阻碍研究结果的泛化。[18]此外，伦理问题也是哲学社会科学实验的重要考虑点。过度追求技术可能导致哲学社会科学研究者过度依赖技术工具和数据，忽视了其他重要的研究途径和非量化的研究信息，导致对社会现象的解读过于简化和片面化。[19]

（三）跨系统合作存在阻碍

以高校主导的哲学社会科学实验室受制于原机构行政化体制，多元投资主体的自主哲学社会科学实验室系统兼容困难，哲学社会科学实验室预期的跨系统合作仍存在阻碍。高校主导的哲学社会科学实验室受制于原机构科层化、行政化体制，且高校内各院系学科间壁垒深厚，存在学科设置不适应实际需求、专业分工过细、部门界限和层级分割，以及各自为政等原有缺陷，使得实验室难以展开跨学科的研究。不同高校主导的哲学社会科学实验室聚焦相似领域，重复建设现象频出，缺乏促进资源互补的顶层设计和共享平台，难以实现创新链各环节的协同发展。[20]由政府、高校、科研院所、企业以及社会组织等多方利益主体共同设立的自主哲学社会科学实验室，需要兼容多个独立系统，但其在战略、目标、资源等维度尚未形成高效的运行机制，以至于出现跨系统决策流程繁杂、目标分散、资源难以整合等问题。

（四）政产学研用通道尚未打通

哲学社会科学实验室打通政产学研用通道需要实验室有效集成和协同各类创新要素，具备科研、成果转化、投资、孵化的全产业链综合能力，这对当前处于发展初期的哲学社会科学实验室来说是巨大的挑战。[21]

哲学社会科学实验室以科研为立身之本，但是如何积极有效地与政府、产业对接定位需求，如何在学术评价体系中兼容社会科学成果转化和应用价值，是目前科研项目需解决的重要问题，可能导致实际的科研开展方向与实验室建设目标不匹配。除被动接收政府项目和产业横向项目外，哲学社会科学实验室暂无成体系化的主动锚定需求途径。而且当前哲学社会科学实验室的学术评价体系目前主要参考理工科考核体系，虽然纳入应用价值和成果转化评估，但是对哲学社会科学解决社会问题和支持区域发展的独有学科价值并未探索出体系化的成果评估体系，导致实际科研开展方向与实验室目标存在错位。

在成果转化阶段，当前转化中介服务机构发展滞后于研究机构发展，科研成果转化保障体系有待加强。[22]对于投资孵化环节，哲学社会科学实验室及其在孵企业对外融资时难以满足金融机构对企业的成立时间、营收规模、信用评级等多方面的较高要求，针对此类企业的信贷担保等金融服务有待进一步完善。[23]

四、体制机制亟须优化

（一）考核标准与成果产出不匹配

哲学社会科学实验室聚焦于前沿的实践性社会科学问题，研究内容更贴近国民经济和社会生活，其最大价值不在于发表论文以供学术交流，而在其及时产生的实际指导。以北航低碳治理与政策智能实验室为例，该实验室的一项重要研究使命是对我国乃至世界范围内的低碳治理提出"中国方案"。这样的哲学社会科学独有的学科价值显然不是一两篇论文所能概括的。然而，目前对哲学社会科学实验室的考核和评估较少考虑地方特色和对当地经济社会重大需求的支撑作用，仍然用理工科实验室的评价指标，如科研经费到款、国家级项目数量、高水平论文发表等为主，与哲学社会科学实验室的实际需求并不匹配。

虽然跨学科研究已成为哲学社会科学领域重要的前沿研究方向，但是在考核体系存在的技术崇拜思想可能导致研究人员产出成果时钻牛角尖，产出不具备真实社会价值的成果。目前哲学社会科学领域研究中存在不少研究人员盲目迷信技术，过度追求在研究中应用新的技术和新的方法，甚至为了使用新数据和新方法而忽视了理论问题或现实问题本身，只追求高水平论文的发表。[24]追根究底，这与对研究人员的考核导向有关。哲学社会科学实验室的研究考核体系不应放大技术的作用，更不能基于技术要素对成果产出进行简单的"一刀切"，需要从哲学社会科学的根本，即探索和理解人和社会的运行规律，解决国家和区域的当前重要需求出发。

（二）资金来源渠道有待拓展

目前哲学社会科学实验室存在资金需求量虽大，但是资金来源单一且不稳定的问题。哲学社会科学实验室建设需要重视物质性力量在实践中发挥的重要作用。以2021年教育部发布的首批教育部哲学社会科学实验室为例，超过三分之二的实验室强调与数字技术的结合，由此在传统哲学社会科学研究经费需求之外产生了高额的设备建设资金需求。但是哲学社会科学实验室的资金来源渠道相对单一，以政府拨款或者学校预算为主，少量来自项目经费，无法满足实验室的发展需求。[25]更雪上加霜的是，政府财政投入和学校预算可能由于政策调整、预算限制或者经济波动的影响而变动。[26]因此，哲学社会科学实验室在发展初期就需要考虑提高自身造血能力，以应对资金来源单一且不稳定的问题，以及这一问题给实验室长期规划和持续性科研项目带来的生存难题。

哲学社会科学实验室在资金渠道的拓展过程中仍然存在诸多有待探索和解决的问题。国外知名实验室的资金渠道大多包括政府拨款、学术基金、个人和机构捐赠、私人投资、产业合作项目和国际科研合作项目等。哲学社会科学实验室本身在发展初期，技术成熟度和成果转化机制发展有限，通过竞争承担产业合作项目或者国际科研合作项目的能力尚有待加强。[27]来自个人或者机构的经费捐助可能给哲学社会科学实验室的研究方向和商业化模式带来限制，实验室需要选择满

足国家和区域战略需求，并且保证国家安全的资金渠道。同时，社会资本参与哲学社会科学实验室建设的融资渠道尚不通畅，在法律上对财团法人的规定尚不健全，民间基金会的运行和管理存在诸多的问题和障碍。[28]

（三）人才引进和管理机制有待完善

受制于经费支持不稳定、兼职兼薪政策未落实等原因，哲学社会科学实验室的高层次人才引进情况并不理想。当前哲学社会科学实验室聚焦前沿热点研究领域，相关高层次人才有较大的选择空间，而哲学社会科学实验室由于发展时间较短，在经费支持、设施配备等方面存在劣势，难以引进专职高层次人才，许多研究人员仍然选择将人事关系保留在高等院校、科研院所等事业单位中。同时，高层次人才对哲学科学实验室承诺的各类人才待遇和福利保障的落实有长期性和稳定性方面的担忧。柔性引进的高层次人才，兼职兼薪政策仍有待落实。[29]

在人才管理机制方面，目前哲学社会科学实验室的绩效考核体系和激励机制忽视了成果产出的经济和社会效益。哲学社会科学实验室需要以国家和区域发展需求为导向开展科研活动，其重要价值在于解决社会重大问题，而不应将产出高水平论文等学术成果作为考核体系的唯一或压倒性标准。当前哲学社会科学实验室的考核机制主要参考传统学术成果评价标准和理工科实验室考核标准，并未从考核维度、考核周期等角度纳入哲学社会科学研究独有的社会价值。此外，哲学社会科学实验室的激励机制尚未完善，科研人员对成果转让收益等激励机制感知较弱，个人发展与机构发展并未实现紧密绑定，最终可能导致人才流失。[30]

第三节

促进中国特色哲学社会科学实验室体系的建议

一、完善实验室的界定与分类管理

建设发展哲学社会科学实验室，是构建中国特色哲学社会科学学科体系、学术体系、话语体系的重要突破口，是增强我国哲学社会科学国际影响力的新兴力量。一方面，需要借鉴国际先进经验，加快数字化、智能化技术在哲学社会科学研究中的交叉应用，促进科研范式革新，促进哲学社会科学学科发展和学术进步；另一方面，必须紧密贴合全面深化改革与实现共同富裕的时代蓝图，在中国式现代化的改革发展实践中挖掘新材料、发现新问题、提出新观点、构建新理论。哲学社会科学实验室应当聚焦特色，加强哲学社会科学的学科体系建设、学术体系发展、理论体系构建的统筹协调，形成合力，共同为中国特色哲学社会科学体系创新发展做出贡献。

（一）鼓励各类实验室进行开放性探索

当前哲学社会科学实验室仍在初期探索之中，远未成熟定型。借用亚里士多德的"四因说"[31]来分析，哲学社会科学实验室的"质料因"非常清晰，是哲学社会科学的研究问题与自然科学前沿发展的研究工具之间的叠加；"目的因"比较明确，是加快哲学社会科学研究方法的转型升级，解决经济社会发展中的实际问题；"动力因"相对完备，是国家对于促进中国特色哲学社会科学发展的政策要求，以及高校与科研机构发展文理交叉、学科融合综合性科研实体的内驱动力；但"形式因"仍然模糊，即哲学社会科学实验室最终成型状态具体是什么样的，目前仍然莫衷一是。如同不同的雕塑家用同样的大理石原料，用近似的打磨工具，为圣殿打造装饰雕塑，也会因雕塑家的不同理解，以及雕塑最终摆放位置，而呈现各不相同的外貌形式。

因此，要避免"预设概念"，主观判断是与否，而应坚持以服务经济社会发展为中心，守牢哲学社会科学实验室的研究型底色与哲学社会科学底色，明确方法导向原则、学科交叉原则和科学原创原则，充分鼓励不同类型、不同领域、不同主体哲学社会科学实验室的探索发展，避免"千室一面"、同质化竞争。[32]促进实验室发挥自主性，结合学术发展与转化应用的需要，拓展新的合作渠道，灵活谋划实验室的功能定位与运营模式，持续提升实验室的竞争力与影响力。

（二）全方位布局，实施分类管理

哲学社会科学与高等教育主管部门要加强顶层统筹与规划，引导高校、科研机构，以及有条件的企业，系统有序地发展建设哲学社会科学实验室。哲学社会科学实验室建立的目的之一就是要克服学术研究与产业应用"两张皮"的问题，促进哲学社会科学实验研究的理论成果与技术产品能够更好地服务于国家重大战略和区域经济发展。主管部门可采用"自上而下"的技术选择方式，协同社科、教育、文旅等相关单位，组织哲社领域和科技领域的专家，采用前景预测法进行技术预测，根据哲学社会科学范式革新趋势初步拟定重点研发方向，并与国家级高端智库机构和产业界高层人员共同研究确定实验研究重大战略选题，再由主管部门最终确定哲学社会科学实验室的重点研究项目。建立多部门联动的实验室扶持机制，加大成果导向的扶持力度。采用"揭榜挂帅"和"赛马制"等竞争性方式进行平行立项，设置阶段性考核目标，筛选出最优团队承担攻关任务，实施精准资助，提高项目成功率，激发创新活力。[33]

从系统建设哲学社会科学实验室体系的整体视角出发，按照复合型人才培育基地、重点交叉学科建设基地、国家战略数字智库基地、哲学社会科学重大装置基地等功能定位，对侧重于教学、科研、资政和设施的各类实验室进行分类管理，差异化地设置绩效目标，促成哲学社会科学实验室的实体化运作。加强顶层统筹和协调，协调各主体与区域间资源配置，促进区域间、机构间错位协同创新，突出特色哲学社会科学实验室建设。围绕创新链的不同环节，针对高校、科研机构、企业研发部门、产学研联盟等不同组织类型的特点，实施差异化的实验室认定标准和服务管理。避免以高水平论文、专著、获奖和领导批示等研究成果量化评价指标，简单机械地判别实验室建设水平，而应结合各类实验室在理论创新、行业应用、产业引领等方面的独特作用，实施定制化的考核评价，以促进哲学社会科学学科发展和学术进步，服务经济社会高质量发展的最终目标，有序推动哲学社会科学实验室体系建设。

二、优化实验室的治理与管理机制

目前全国大部分哲学社会科学实验室还处于初创阶段，尚未形成成熟的现代化管理制度。为实现实验室长期可持续发展的目标，需要在组织结构和管理模式上进行迭代创新。一方面，在科研机构内部应当对实验室的功能定位与组织结构进行优化，促成实验室发挥推动科研机构整体效能建设的作用，为实验室发展提供资金、人才、设施和保障机制方面的支持；另一方面，实验室内部必须不断完善内部管理制度，推动实施有组织的科研，强化以成果产出为导向的绩效考核机制。

（一）改革科研组织模式，推动实验室长期发展

哲学社会科学实验室的主办单位应当根据国家经济社会发展和哲学社会科学研究范式革新的需求，统筹制定本单位对于哲学社会科学整体发展目标和哲学社会科学实验研究专项规划。以自身学科优势和学术资源为基础，选择有组织科研的方向，强化实验室与本单位内已有的科研中心、智库机构、实践基地的协同创新与合作攻关，避免同质化的重复建设。从学科交叉的视角，强化实验室在关键技术领域的研发职能，为本单位相关科研部门提供共性基础技术保障，发挥通用

"平台"功能。鼓励各类高校突破原有学科藩篱，结合大数据、人工智能等前沿技术，打造符合区域产业集群发展特色的优势学科集群，开展从基础到应用的贯通式实验研究。

对于高校而言，改变"聚是一团火，散是满天星"的临时搭配模式，以综合性、研究型高校建设为大局，为哲学社会科学实验室配备高水平、专业化的实验技术人员和应用转化团队，强化实验室承接各类哲学社会科学学理研究，以及服务政府部门和行业企业应用研究的能力。一是在高校内部实施分级分类统筹，集聚优质科研资源，优先建设服务全校哲学社会科学教学科研的大数据实验室、多媒体实验室等通用型实验室，对全校各学院、各学科数据资源、算力资源进行统一管理，提高数据资源的开放范围和仪器设备的使用效率。二是适度筛选面向专业教学和学科个性化研究的实验室，重点支持具有学科特色与比较优势的专业实验室。避免一哄而上追逐人工智能大语言模型或认知神经科学等学术热点，加剧资源重复分散投入和实验室小、散、弱的困境。三是提高实验室协同建设水平，与政府部门、行业企业建立数据、技术、人员、专项资金的流通渠道，形成"外脑+内核"的运行架构。[34]一方面，发挥高校哲学社会科学实验室的学术影响力与国际传播力，为合作单位提供人才培养培训、高端峰会组织、定制化科研项目攻关等品牌化服务；另一方面，充分共享合作单位的技术和数据资源，弥补高校实验室资源短板，深化产学研的融合开发，为实验室可持续发展提供外部助力。

（二）紧抓成果产出，实施绩效管理

在实验室内部加快建立以科研成果质量和实际贡献为导向的绩效考核机制，对实验室常驻研究人员以及访问学者参与跨学科、跨机构科研产出的不同形式的研究成果，形成开放公平的认定和评价机制。对于基础科研和理论研究，重大实验装置平台研发等科研项目，适当延长考核周期；对于委托攻关项目和智库研究项目，以研究成果产生的实际产生经济社会影响进行评价；在不妨碍实验室主体科研任务的前提下，鼓励科研人员开展学科自由探索，产出个人学术成果。

在人才管理方面，明确以创新与贡献为导向，优化人才评价激励机制，完善人才职级职称的评定管理办法。尊重人才成长规律，激发人才创新活力，从评价对象、评价机构、评价标准、评价方法等维度调整完善人才评价制度。可以探索引入同行评议制度，由实验室主要科研专家与多学科交叉背景外部专家共同做出评价，综合考虑受评人的科研方向、项目经历和成果产出情况，重点关注候选人的科研成果与发展潜力。对实验室内不同岗位类别、不同学科领域、不同工作性质的人才实行差别化评价，充分尊重每一位工作人员在科研成果产出中的实际贡献，避免以论文第一作者、通讯作者一刀切判断成果归属。为在研究团队中发挥不可或缺作用的实验平台开发维护人员、数据资源管理分析人员等辅助人员，建立实验员、工程师等专业晋升通道。深化人事制度改革，向实验室适度下放用人管理、岗位设置、薪酬分配等方面的管理权限，赋予更多人权、事权、财权，更好凝聚、稳定和激励科研团队。

在项目管理方面，可以根据项目来源不同，实施纵向课题与横向课题的分类管理。积极承接政府部门、企业的委托项目，促进学术研究与市场需求的结合。注重对项目质量的把控，对项目全过程进行监管和评估。项目负责人对项目实施承担直接责任，保障科研成果的真实性和规范性。相关科研管理部门除了承担项目合同审核和管理检查职能外，也应当对实验室承担项目的条件和能力、风险责任的承担、违约条款的设置等提供审核意见，以保障科研成果与知识产权不受侵害。

三、强化实验室创新能力与装置开发

哲学社会科学实验室要重点打造"原始创新"的体制机制优势，将国家战略需要、市场社会需求和应对国际前沿科技竞争的需求统筹起来，形成多主体协同创新，跨学科、跨领域、政产学研用协同的高效理论创新与技术应用平台。一方面，完善哲学社会科学研究面对复杂系统和复杂问题研究的循证研究闭环，加速研究方法与研究范式的变革，产出基于中国实践、服务中国实践的理论与应用成果；另一方面，大力推动哲学社会科学研究、复核型人才培养、经济社会服务与新兴科学技术应用的融合发展，以大数据、人工智能等科研工具开发应用为载体，促成多学科交叉融合的哲学社会科学全面创新与发展。

（一）服务国家战略，布局社科研究大装置

实验仪器设备，以及数据采集存储运算装置，是哲学社会科学实验室的核心硬件基础。要推动仿真模拟和大数据知识发现等研究范式在哲学社会科学研究中的实践应用，除了在方法论上不断优化，以积累适应社会复杂系统特点和情景化动态交互的实验理论基础，还需要在数据基础平台和大型计算装置方面形成突破。

在数据基础平台方面，部分高校已经尝试将全校不同学院、不同专业的社科数据打通共享，提升社科数据的跨学科合作利用，然而此举远未满足获取结构化社会大数据的要求，必须另寻数据的"源头活水"。某些科研机构和实验室通过与政府部门，以及平台型企业合作，获得了特定区域内企业和公民个人的行政行为数据或空间轨迹数据。但这些数据的获取渠道并不稳定，也存在企业商业秘密和个人隐私方面的合规问题。目前来看，更为可行的方式是由特定科研机构运用"隐私计算"等数据安全技术，对公共数据进行联合建模，产出脱敏脱密的数据分析结果。未来，随着国家"数据二十条"的贯彻落实，哲学社会科学研究机构将会有更多安全合规获取公共数据、企业数据、个人数据的渠道，进一步促进数据要素科研价值的释放。[35]例如北京国际大数据交易所和北京市科学技术研究院合作，推出全国首个针对科技领域数据交易流通的数据专区，目的在于推动各类科学数据加速汇聚，解决科学数据资源持有权、加工使用权、产品经营权分置的问题。[36]

在大型计算装置方面，哲学社会科学实验研究所需数据来源广

泛、标准不统一，多为非结构化数据，必须依赖信息自动提取和知识图谱等工具对数据进行加工处理，形成可识别、可关联的结构化数据库。由于相关装置技术难度高、设备投资大，国内目前只有个别科研机构成功部署了少量主题数据库与高效能计算平台。但这些大型计算装置主要面向国民经济和社会发展的关键领域，其相关数据分析与政策研究成果已经为服务国家战略做出可观贡献。可以预见，围绕空间资源环境、智慧城市运营、创新链产业链融合、一体化医疗健康等重要领域，未来也将诞生出一系列大型计算装置。相关哲学社会科学实验室可以此为契机，推动产学研的深度合作，解决自身数据与装置匮乏的问题。

（二）开展社会复杂系统研究的协同攻关

传统哲学社会科学定量研究方法主要依赖于模型假设和线性建模，难以反映微观结构与宏观现象的复杂因果关系，也无法说明信息不对称、非理性行为和认知行为交互影响的复杂呈现过程。为了阐明复杂社会系统结构、行为、环境涌现和演化的一般规律，哲学社会科学的未来发展需要从系统结构、系统行为和系统演化等角度，探究关联微观机理与宏观现象不同主导机制之间竞争与协调的复杂机制，加强对社会系统中网络结构和交互特征的解析，刻画不同层级组元间动态博弈行为及其影响因素，进一步探索复杂社会系统演化的动力学机理。

为了促成新时期哲学社会科学全面创新，可以从以下几个研究方向上凝聚科研力量，以哲学社会科学实验室为载体强化协同攻关。一是关注数字技术快速发展带来的治理格局与治理重点的变化，提升治理技术的智能与韧性，应对新兴的技术治理风险与社会治理风险；二是构建面向国家、城市、社区等多层次、多场景的社会管理系统，探索多源异构社会数据的智能抽取与算法响应技术，开展网络平台监管与复杂博弈的理论方法研究；三是借助社会实验或者计算实验手段对复杂社会协同进行仿真，引入人机混合模式，将人类智慧与具有自适应特征的智能体相结合，模拟多层次下社会政策与干预手段的推行效果。[37]总体而言，面向高度复杂的应用场景，以大数据和人工智能等为核心技术的复杂社会系统研究尚处于起步阶段，需要社会科学诸学科与数学、计算机科学的深度融合。[38]哲学社会科学实验室可以围绕城乡社区服务、智慧教育、数字政务服务、产业金融安全等典型应用场景，进一步凝练实验研究方向，规划推动跨学科协同攻关团队的培养，深入开展中国式现代化实践的基础理论研究和技术应用研究，产出更具原创力和民族性的研究成果。

四、健全实验室多元化发展合作模式

哲学社会科学实验室不仅要成为统合内部优质资源的科研载体，也应发展为促进政府部门、行业企业、社会公众、国际组织等多元主体间知识生产与交流的平台。随着知识生产模式的转型，高校和科研院所不再是垄断性的知识生产机构，尤其在数字化智能化高速发展的背景下，哲学社会科学的知识生产日趋呈现出跨学科、复合性、应用性、社会反思性等新特征。[39]哲学社会科学实验室需要主动与政府部门、高校、科研院所、企事业单位和媒体公众建立联系，使实验室融入政、产、学、研、用的全链条，加强与外部多元主体间知识生产的"外循环"。[40]

（一）多维度服务地方经济社会发展

哲学社会科学实验室应当结合自身科研主题与装置优势，加强自身在地方相关重大基础战略规划、重要政策和重大问题研究中的咨询作用。尤其在事关地方经济高质量发展的重大产业布局、涉及公众和企业核心利益的重要社会政策，以及关系核心技术攻关的重大科技基础设施等方面，充分发挥哲学社会科学与自然科学的交叉优势，从科学性、经济性和社会公平性等多方面给予指导、咨询和监督。

具备一定成果产业化潜力的实验室可以强化产业牵引能力，精准响应地方产业市场的重大需求，探索建立研究方向、科研项目的动态调整机制，实施定向委托研发，增强自身服务经济社会发展的能力。以社会治理与公共服务为主要研究方向的实验室，可以与省市县相关职能部门合作，建立地方实验研究基地，有限部署测试相关服务应用，开展真实场景的社会实验。以地方文化传承为特色的实验室，可以牵头组织主题峰会，发布重大研究成果，吸引各界关注扩大地方文化影响。具有实践性、趣味性的实验室还可以定期举行"开放日"或"夏令营"活动，为地方公众提供社科科普宣传和多样化的教育服务。

（二）全方位加强产学研和国际合作

哲学社会科学实验室要整合多方资源，发挥各方优势，形成融合政产学研用的创新平台，实现人才、知识、科技、资金等众多创新元素的高效组合，从而实现更大规模、更大程度的创新。有条件的哲学社会科学实验室可以牵头成立产学研创新联盟，发挥企业"出题人""答题人"和"阅卷人"的作用。实验室可以主动对接企业，共同探讨和挖掘企业对于哲学社会科学理论与应用的创新需求，还可以合作创建研究院和研发机构。对于具有较强应用导向型的实验室，可以通过组织开放大赛、提供孵化基金等形式，为本领域创新应用团队提供启动扶持；筛选培育具有产业化潜力的团队项目，予以重点支持；发挥专业化众创空间和孵化器的作用，打造"科研+产业+资本"的创新生态体系。实验室强化科研创新与成果输出，不仅有助于反哺相关学科发展与教学科研，还有利于吸引行业企业以委托项目形式为实验室提供研究经费，引导企业和社会力量共同参与哲学社会科学实验室的建设。

哲学社会科学实验室要加强国际化科研项目合作，积极参与或牵头组织国际性或区域性重大学术交流活动，在全球前沿科技治理与关系人类命运共同体的重大战略领域发出"中国声音"，提供"中国方案"。通过"引进来、走出去"的双向机制，推动实验室在个人和机构层面加强与国际知名哲学社会科学实验室的交流,推动人员互访、项目联合研究、学术资源共享、学生联合培养等形成的深度合作,促成实验室成长为东西方学界同步探索、文理科交叉创新的国际化科研平台。

参考文献

序二

[1] 孟小峰，李勇，祝建华. 社会计算：大数据时代的机遇与挑战[J]. 计算机研究与发展，2013，50（12）：2483-2491.

[2] 习近平. 在中国科学院第二十次院士大会、中国工程院第十五次院士大会、中国科协第十次全国代表大会上的讲话[J]. 当代党员，2021（12）：3-7.

[3] 中国人民大学信息学院党员陈禹教授事迹介绍. http://info.ruc.edu.cn/xsfz/xsdj/djxw/2c0c5753516a4fd1b88392918277bddc.htm。

[4] 孟小峰，余艳，王文礼. 社会计算与社会智能助力数字社会转型和重构[J]. 智慧社会研究，2022（1）：45-60。

前言

[1] 斯蒂芬·威廉·霍金，列纳德·蒙洛迪诺. 大设计[M]. 吴忠超，译. 湖南科学技术出版社，2011：3.

[2] 威廉·巴雷特. 非理性的人[M]. 段德智，译. 上海译文出版社，1992：82.

第一章

[1] 卡尔·马克思. 弗里德里希·恩格斯. 马克思恩格斯文集（第二卷）[M]. 北京：人民出版社，2009：603.

[2] 马克思，恩格斯，神圣家族. 或对批判的批判所做的批判[M]. 北京：人民出版社，1958：163.

· 253 ·

[3]　加勒特·汤姆森. 笛卡尔[M]. 王军, 译. 北京：中华书局，2002：29-31.

[4]　布洛克. 西方人文主义传统[M]. 董乐山, 译. 北京：三联书店，1997：75.

[5]　赵炜, 朱红文. 社会学的理性传统及其方法论问题[J]. 天津社会科学，2018（3）：35-42.

[6]　威廉·配第. 政治算术[M]. 陈冬野, 译. 北京：商务印书馆，1960：60-73.

[7]　吴嘉桐, 王幼军. 约翰·格朗特统计思想研究[J]. 决策探索（下），2019（12）：93-94.

[8]　李乾坤. 德国国势学传统与舒尔茨的方法论来源[J]. 广西大学学报（哲学社会科学版），2019，41（2）：36-40.

[9]　许志峰, 李德深, 马万里. 社会科学史[M]. 北京：中国展望出版社，1989：318.

[10]　卡尔·马克思, 弗里德里希·恩格斯. 马克思恩格斯文集（第五卷）[M]. 北京：人民出版社，2009：8.

[11]　谢立中. 简析马克思主义与实证主义社会研究范式的区别[J]. 天津社会科学，2014（6）：70-76.

[12]　卡尔·马克思, 弗里德里希·恩格斯. 马克思恩格斯文集（第五卷）[M]. 北京：人民出版社，2009：21.

[13]　列宁. 列宁全集（第一卷）[M]. 北京：人民出版社，1984：110.

[14]　N·C·科恩. 十九世纪至二十世纪初资产阶级社会学史[M]. 上海：人民出版社，1982：15.

[15]　王养冲. 西方近代社会学思想的演进[M]. 上海：华东师范大学出版社，1996：34-35.

[16]　唐纳德·N. 莱文, 霍华德·G. 施奈德曼. 对话社会理论[M]. 陈玲, 译. 上海：上海社会科学院出版社，2022：246-247.

[17]　N·C·科恩. 十九世纪至二十世纪初资产阶级社会学史[M]. 梁逸, 译. 上海：人民出版社，1982：22-23.

[18]　欧力同. 孔德及其实证主义[M]. 上海：上海社会科学院出版社，1987：68.

[19]　N·C·科恩. 十九世纪至二十世纪初资产阶级社会学史[M]. 梁逸, 译. 上海：人民出版社，1982：222.

[20]　雷蒙·阿隆. 社会学主要思潮[M]. 葛智强, 胡秉诚, 王沪宁, 译. 上海：人民出版社，2005：293.

[21]　E. 迪尔凯姆. 社会学方法的准则[M]. 狄玉明, 译. 北京：商务印书馆，1995：35.

[22]　周晓虹. 西方社会学历史与体系[M]. 上海：上海人民出版社，2002：245-246.

[23]　E. 迪尔凯姆. 社会学方法的准则[M]. 狄玉明, 译. 北京：商务印书馆，1995：111.

[24]　E. 迪尔凯姆. 社会学方法的准则[M]. 狄玉明, 译. 北京：商务印书馆，1995：138.

[25]　周晓虹. 西方社会学历史与体系[M]. 上海：上海人民出版社，2002：248.

[26]　杰弗里·亚历山大. 社会学二十讲：第二次世界大战以来的理论发展[M]. 贾春增, 董

天民等，译. 北京：华夏出版社，2000：14-15.

[27] 文军. 历史困境与未来挑战：当代西方社会学理论面临的主要危机[J]. 社会科学辑刊，2004（3）：36-41.

[28] 周晓虹. 现代社会心理学的危机——实证主义、实验主义和个体主义批判[J]. 社会学研究，1993（3）：94-104.

[29] 梁孝. 西方现代化理论的意识形态反思——一种方法论的视角[J]. 齐鲁学刊，2021（6）：52-64.

[30] 文军. 承传与创新：现代性、全球化与社会学理论的变革[M]. 上海：华东师范大学出版社，2004：46-47.

[31] 玛格丽特·波洛玛. 当代社会学理论[M]. 孙立平，译. 北京：华夏出版社，1989：135-136.

[32] 玛格丽特·波洛玛. 当代社会学理论[M]. 孙立平，译. 北京：华夏出版社，1989：141-142.

[33] 杰弗里·亚历山大. 社会学二十讲：第二次世界大战以来的理论发展[M]. 贾春增，董天民等，译. 北京：华夏出版社，2000：82-84.

[34] 刘少杰. 后现代西方社会学理论[M]. 北京：社会科学文献出版社，2002：62.

[35] 夏光. 后结构主义思潮与后现代社会理论[M]. 北京：社会科学文献出版社，2003：27-33.

[36] 波林·玛丽·罗斯诺. 后现代主义与社会科学[M]. 张国清，译. 上海：上海译文出版社，1998：189-192.

[37] 波林·玛丽·罗斯诺. 后现代主义与社会科学[M]. 张国清，译. 上海：上海译文出版社，1998：193.

[38] 文军. 承传与创新：现代性、全球化与社会学理论的变革[M]. 上海：华东师范大学出版社，2004：173.

[39] 赵雷. 自然主义在社会科学中的当代发展[N]. 中国社会科学报，2018-1-16（4）.

[40] 曹秋华. 蒯因的自然化认识论[D]. 武汉：武汉大学，1984：1.

[41] 陈波. 蒯因的自然主义：澄清与辩护[J]. 武汉大学学报（哲学社会科学版），2022，75（3）：48-65.

[42] 托马斯·库恩. 科学革命的结构[M]. 金吾伦，胡新和，译. 北京：北京大学出版社，2003：152.

[43] 赵雷，殷杰. 经验知识、自然主义与社会科学[J]. 江汉论坛，2019（7）：28-34.

[44] 赵雷，殷杰. 社会科学中实验方法的适用性问题[J]. 科学技术哲学研究，2018，35（4）：8-13.

[45] 张小劲，孟天广. 论计算社会科学的缘起、发展与创新范式[J]. 理论探索，2017（6）：

33–38.

[46] Lazer D, Pentland A, Adamic L, et al.computational Social Science[J]. Science, 2009，323（5915）: 721–723.

[47] Conte R, Gilbert N, Bonelli G, et al. Manifesto of computational social science[J]. The European Physical Journal Special Topics, 2012，214（1）: 325–346.

[48] Cioffi–Revilla C. Introduction to Computational Social Science: Principles and Applications[M]. London: Springer, 2014: 12–17.

[49] Lazer D, Hargittai E, Freelon D, et al. Meaningful measures of human society in the twenty–first century[J]. Nature, 2021，595: 189–196.

[50] 严宇，方鹿敏，孟天广. 重访计算社会科学: 从范式创新到交叉学科[J]. 新文科理论与实践，2022（01）: 24–33，123–124.

[51] Simon H. A. The Sciences of the Artificial[M]. 3rd ed. Cambridge, Masschusetts: The MIT Press, 1996: 1–9.

[52] Lazer D, Pentland A, Watts D, et al.computational social science: Obstacles and opportunities[J]. Science, 2020，369（6507）: 1060–1062.

[53] 何成. 全面认识和理解"百年未有之大变局"[J]. 理论导报，2020（01）: 50.

[54] 孟小峰，黄匡时，梁玉成等. 社会计算与社会智能: 机遇与挑战[J]. 中国科学基金，2023，37（03）: 439–450.

[55] 方力，任晓刚. 推动全球科技创新协作[N]. 人民日报，2021–11–11（9）.

[56] 托马斯·库恩. 科学革命的结构[M]. 金吾伦，胡新和，译. 北京: 北京大学出版社，2003: 9.

[57] Shapere D. The structure of scientific revolutions[J]. The Philosophical Review, 1964,73（3）: 383–394.

[58] Hey T, Tansley S, Tolle K M. Jim Gray on eScience: a transformed scientific method[J]. 2009.

[59] Hey T. The fourth paradigm[M]. United States of America, 2009.

[60] AI for Science: 科学研究新范式[EB/OL]. （2023–05–10）. http://www.news.cn/globe/2023–05/10/c_1310715935.htm.

[61] 马修·萨尔加尼克.《计算社会学——数据时代的社会研究》[M]. 中信出版集团: 北京，2019: 52–59.

[62] 米加宁，章昌平，李大宇等. 第四研究范式: 大数据驱动的社会科学研究转型[J]. 学海，2018（2）: 11–27.

[63] 张小劲，孟天广. 论计算社会科学的缘起、发展与创新范式[J]. 党政干部参考，2017（24）: 2.

[64] 梁玉成，贾小双. 横向因果与纵向因果——计算社会科学的范式探讨[J]. 天津社会科

学，2021，（1）：15-19.

[65] 克劳迪奥·乔菲-雷维利亚.《计算社会科学——原则与应用》[M]. 浙江大学出版社：浙江，2019：2-4.

[66] Manganaro M, Rabaté J M. Frazer's The golden bough and Malinowski's Argonauts of the western Pacific: anthropology in 1922[J]. 1922：Literature, Culture, Politics, 2015：261.

[67] Glaser B, Strauss A. Discovery of grounded theory: Strategies for qualitative research[M]. Routledge, 2017.

[68] Clandinin D J, Connelly F M. Narrative inquiry: Experience and story in qualitative research[M]. John Wiley & Sons, 2004.

[69] 刘放桐. 新编现代西方哲学[M]. 人民出版社，2000.

[70] 埃米尔·迪尔凯姆. 自杀论[M]. 冯韵文，译. 北京：商务印书馆，1996.

[71] 夏德龙. 复杂性研究的社会仿真模拟方法述评与展望[J]. 华中科技大学学报（社会科学版），2021，35（2）：127-135.

[72] 王飞跃. 人工社会、计算实验、平行系统——关于复杂社会经济系统计算研究的讨论[J]. 复杂系统与复杂性科学，2004（04）：25-35.

[73] Epstein J M, Axtell R. Growing artificial societies: social science from the bottom up[M]. Brookings Institution Press, 1996.

[74] Gilbert N，Troitzsch K G. Simulation for the Social Scientist[M]. 2005.

[75] Halpin B. Simulation in sociology[J]. American behavioral scientist, 1999，42（10）：1488-1508.

[76] 刘涛雄，尹德才. 大数据时代与社会科学研究范式变革[J]. 理论探索，2017（6）：27-32.

[77] 陈云松，张亮亮，闵尊涛，等. 大数据机遇与宏观定量社会学的重启[J]. 贵州师范大学学报（社会科学版），2016（6）：35-39.

[78] Wang H, Fu T, Du Y, et al. Scientific discovery in the age of artificial intelligence[J]. Nature, 2023，620（7972）：47-60.

[79] AI for Science: 科学研究新范式[EB/OL].（2023-05-03）[2023-05-10]. http://www.news.cn/globe/2023-05/10/c_1310715935.htm.

[80] 复旦大学与阿里云联手打造科研"超级计算机"[EB/OL]. [2023-06-27]. https://sghexport.shobserver.com/html/baijiahao/2023/06/27/1060967.html.

[81] Schuler, Doug. Social computing[J]. Communications of the Acm, 1994，37（1）：28-29.

[82] King G. Restructuring the Social Sciences: Reflections from Harvard's Institute for Quantitative Social Science[J]. PS: Political Science & Politics, 2013，47（1）.

[83] Lazer D, Pentland A, Adamic L, et al.computational social science[J]. Science, 2009，323

（5915）：721-723.

[84]　Revilla C. Introduction to Computational Social Science[M]. Springer, London: 2014.

[85]　Manifesto of computational social science[J]. The European Physical Journal Special Topics, 2012，214（1）：325-346.

[86]　罗俊. 计算·模拟·实验：计算社会科学的三大研究方法[J]. 学术论坛，2020，43（01）：35-49.

[87]　王飞跃. 计算实验方法与复杂系统行为分析和决策评估[J]. 系统仿真学报，2004（05）：893-897.

[88]　孟小峰，张祎. 计算社会科学促进社会科学研究转型[J]. 社会科学，2019（07）：3-10.

[89]　J M D L, Alex P, J D W, et al.computational social science: Obstacles and opportunities. [J]. Science（New York, N. Y.），2020，369（6507）.

第二章

[1]　COHEN L. Making a new deal: Industrial workers in Chicago, 1919-1939[M]. Cambridge University Press, 1990.

[2]　ADAIR J G. The Hawthorne effect: a reconsideration of the methodological artifact. [J]. Journal of applied psychology, 1984，69（2）：334.

[3]　GRAVETTER F J, FORZANO L B. Research methods for the behavioral sciences[M]. Cengage learning, 2018.

[4]　TURNER G M. A comparison of The Limits to Growth with 30 years of reality[J]. Global environmental change, 2008，18（3）：397-411.

[5]　MEADOWS D H, MEADOWS D. The history and conclusions of The Limits to Growth[J]. System Dynamics Review: The Journal of the System Dynamics Society, 2007，23（2-3）：191-197.

[6]　MEADOWS D H, GOLDSMITH E I, MEADOW P. The limits to growth[M]. Earth Island Limited London, 1972.

[7]　MEADOWS D H, GOLDSMITH E I, MEADOW P. The limits to growth[M]. Earth Island Limited London, 1972.

[8]　TURNER G M. A comparison of The Limits to Growth with 30 years of reality[J]. Global environmental change, 2008，18（3）：397-411.

[9]　HERRINGTON G. Update to limits to growth: Comparing the World3 model with empirical data[J]. Journal of Industrial Ecology, 2021，25（3）：614-626.

[10]　MEADOWS D H, MEADOWS D L, RANDERS J. Beyond the limits: global collapse or a sustainable future. [M]. Earthscan Publications Ltd. , 1992.

[11] MEADOWS D, RANDERS J, MEADOWS D. Limits to growth: The 30-year update[M]. Chelsea Green Publishing, 2004.

[12] TURNER G M. A comparison of The Limits to Growth with 30 years of reality[J]. Global environmental change, 2008, 18（3）: 397-411.

[13] HERRINGTON G. Update to limits to growth: Comparing the World3 model with empirical data[J]. Journal of Industrial Ecology, 2021, 25（3）: 614-626.

[14] BECHARA A, DAMASIO H, TRANEL D, et al. Deciding advantageously before knowing the advantageous strategy[J]. Science, 1997, 275（5304）: 1293-1295.

[15] LIM C L, RENNIE C, BARRY R J, et al. Decomposing skin conductance into tonic and phasic components[J]. International Journal of Psychophysiology, 1997, 25（2）: 97-109.

[16] CHETTY R, JACKSON M O, KUCHLER T, et al. Social capital I: measurement and associations with economic mobility[J]. NATURE, 2022, 608（7921）: 108.

[17] KRAMER A, GUILLORY J E, HANCOCK J T. Experimental evidence of massive-scale emotional contagion through social networks[J]. PROCEEDINGS OF THE NATIONAL ACADEMY OF SCIENCES OF THE UNITED STATES OF AMERICA, 2014, 111（29）: 8788-8790.

[18] FLICK C. Informed consent and the Facebook emotional manipulation study[J]. Research Ethics, 2016, 12（1）: 14-28.

[19] WALDROP M M. Free agents[Z]. American Association for the Advancement of Science, 2018.

[20] J. B, J. D, E. B, et al. SOLACE a multi-agent model of human behaviour driven by social attachment during seismic crisis: 2017 4th International Conference on Information and Communication Technologies for Disaster Management（ICT-DM）[C]. 2017.

[21] 李晶, 刘越. 文科实验室赋能"新文科"创新发展[N]. 中国社会科学报, 2023-02-10（1）.

[22] KUHN T S. The structure of scientific revolutions[M]. University of Chicago press, 2012.

[23] 罗俊. 计算·模拟·实验：计算社会科学的三大研究方法[J]. 学术论坛, 2020, 43（1）: 35-49.

[24] KRANTZ J H, BALLARD J, SCHER J.comparing the results of laboratory and World-Wide Web samples on the determinants of female attractiveness[J]. Behavior Research Methods, Instruments, & Computers, 1997, 29（2）: 264-269.

[25] 郝龙. 互联网社会科学实验：数字时代行为与社会研究的新方法[J]. 吉首大学学报（社会科学版）, 2018, 39（2）: 26-34.

[26] 周涛, 高馨, 罗家德. 社会计算驱动的社会科学研究方法[J]. 社会学研究, 2022, 37

(05)：130-155+228-229.

[27] 罗俊. 计算·模拟·实验：计算社会科学的三大研究方法[J]. 学术论坛，2020，43（01）：35-49.

[28] 郝龙. 互联网社会科学实验：数字时代行为与社会研究的新方法[J]. 吉首大学学报（社会科学版），2018，39（02）：26-34.

[29] FLICK C. Informed consent and the Facebook emotional manipulation study[J]. Research Ethics, 2016，12（1）：14-28.

[30] 罗俊. 计算·模拟·实验：计算社会科学的三大研究方法[J]. 学术论坛，2020，43（01）：35-49.

[31] LIU Y, GUO X, LI S, et al. Discharge of treated Fukushima nuclear accident contaminated water: macroscopic and microscopic simulations[J]. National Science Review, 2022，9（1）：nwab209.

[32] GILBERT N, ABBOTT A. Special Issue: Social Science Computation[J]. Special Issue: Social Science Computation, 2005.

[33] SCHELLING T C. Dynamic models of segregation[J]. Journal of mathematical sociology, 1971，1（2）：143-186.

[34] WALDROP M M. Free agents[Z]. American Association for the Advancement of Science, 2018.

[35] 杨敏，熊则见. 模型验证——基于主体建模的方法论问题[J]. 系统工程理论与实践，2013，33（06）：1458-1470.

[36] GHORBANI A, DECHESNE F, DIGNUM V, et al. Enhancing ABM into an inevitable tool for policy analysis[J]. Policy and Complex Systems, 2014，1（1）：61-76.

[37] WALDROP M M. Free agents[Z]. American Association for the Advancement of Science, 2018.

[38] 罗俊. 计算·模拟·实验：计算社会科学的三大研究方法[J]. 学术论坛，2020，43（01）：35-49.

[39] 陈峥. 全数据模式的幻象与网络大数据的代表性[J]. 天津师范大学学报（社会科学版），2019（04）：74-80.

[40] 罗俊. 计算·模拟·实验：计算社会科学的三大研究方法[J]. 学术论坛，2020，43（01）：35-49.

[41] 李行. Twitter的传播规律及社会网络分析[J]. 传媒，2023（13）：56-58.

[42] 赵姗，何杨. 社会网络分析在税收研究中的应用：一个文献综述[J]. 税收经济研究，2023，28（3）：40-47.

[43] HAQ E, BRAUD T, LEE L H et al. Tips, tidings, and tech: Governmental communication

on facebook during the covid‐19 pandemic: DG. O 2022: The 23rd Annual International Conference on Digital Government Research[C]. 2022.

[44] ZHOU C, SU F, PEI T, et al. COVID‐19: challenges to GIS with big data[J]. Geography and sustainability, 2020, 1 (1): 77‐87.

[45] WANG S, ZHONG Y, WANG E. An integrated GIS platform architecture for spatiotemporal big data[J]. Future Generation Computer Systems, 2019, 94: 160‐172.

[46] 肖仰华. 生成式语言模型与通用人工智能：内涵、路径与启示[J]. 人民论坛·学术前沿, 2023 (14): 49‐57.

[47] 肖仰华. 生成式语言模型与通用人工智能：内涵、路径与启示[J]. 人民论坛·学术前沿, 2023 (14): 49‐57.

[48] BANG Y, CAHYAWIJAYA S, LEE N, et al. A multitask, multilingual, multimodal evaluation of chatgpt on reasoning, hallucination, and interactivity[J]. arXiv preprint arXiv: 2302. 04023, 2023.

[49] QIN C, ZHANG A, ZHANG Z, et al. Is ChatGPT a general‐purpose natural language processing task solver?[J]. arXiv preprint arXiv: 2302. 06476, 2023.

[50] GOYAL T, LI J J, DURRETT G. News summarization and evaluation in the era of gpt‐3[J]. arXiv preprint arXiv: 2209. 12356, 2022.

[51] ZHUO T Y, HUANG Y, CHEN C, et al. Exploring ai ethics of chatgpt: A diagnostic analysis[J]. arXiv preprint arXiv: 2301. 12867, 2023.

[52] 洪永淼，汪寿阳. 人工智能新近发展及其对经济学研究范式的影响[J]. 中国科学院院刊, 2023, 38 (03): 353‐357.

[53] 肖仰华. 生成式语言模型与通用人工智能：内涵、路径与启示[J]. 人民论坛·学术前沿, 2023 (14): 49‐57.

[54] 汪寿阳，李明琛，杨昆，等. ChatGPT+金融：八个值得关注的研究方向与问题[J]. 管理评论, 2023, 35 (4): 3‐11.

[55] 吴砥，李环，陈旭. 人工智能通用大模型教育应用影响探析[J]. Open Education Research, 2023.

[56] 刘永谋，马亮，孙宇，等. ChatGPT对公共治理的挑战与机遇（笔谈）[J]. 东方论坛—青岛大学学报（社会科学版）, 2023 (3).

第三章

[1] 张志林，张新华，陈丹. 人文社会科学重点实验室建设探讨[J]. 实验技术与管理, 2004, (1): 133‐136.

[2] 黎小勇. 哲学社会科学实验室建设[J]. 实验技术与管理, 2006, (9): 116‐118.

[3] 潘教峰. 智库建设须寻学术之根　筑科学之基[N]. 光明日报, 2022-11-03（7）.

[4] 刘东. 哲学社会科学+实验研究方法——哲学社会科学实验室的内涵与建设[EB/OL]. （2023-08-15）[2023-08-16]. https://mp.weixin.qq.com/s/UeIlsBEYOUTrbhCZm5J7fw?poc_token=HFVw3WSjj3Di_-0DBm76NcYpWIq3EaIS9SoEF_U-.

[5] Azizona State University Risk Innovation Lab[EB/OL]. （2023-08-16）[2023-08-18]. https://riskinnovation.asu.edu.

[6] 清华大学计算社会科学与国家治理实验室简介[EB/OL]. （2023-08-16）[2023-08-18]. http://lcg.tsinghua.edu.cn/gkjj/sysjs.htm.

[7] Washington University in St. Louis Social System Design Lab[EB/OL]. （2023-08-16）[2023-08-18]. http://lcg.tsinghua.edu.cn/gkjj/sysjs.htm.

[8] 庞珣. 创新性学术社群：社会科学实验室的使命与精神[J]. 大学与学科, 2022, 3（04）: 40-50.

[9] 胡席星. 智海-录问法律大模型正式发布，行业首个法律大模型评估指标体系公开[EB/OL]. （2023-08-23）[2023-08-24]. https://www.leiphone.com/category/industrynews/48P6PlR4DEjyFpxv.html.

[10] 艾·爱因斯坦, 利·英费尔德. 物理学的进化[M]. 长沙: 湖南教育出版社, 周肇威, 译. 1999: 65-66.

[11] 钱兆华. 简论科学问题[J]. 江苏理工大学学报（社会科学版）, 1999, （02）: 9-12.

[12] 陈兰芝, 仇永民. 库恩范式视域下的问题观及其认识论意义——基于《科学革命的结构》一书的反思[J]. 三峡大学学报（人文社会科学版）, 2009, 31（4）: 37-39.

[13] 托马斯·库恩. 科学革命的结构[M]. 金吾伦, 胡新和, 译. 北京: 北京大学出版社, 2003: 71-72.

[14] 劳凯声. 人文社会科学研究的问题意识、学理意识和方法意识[J]. 北京师范大学学报（社会科学版）, 2009, （1）: 5-15.

[15] 姜琬. "简单性原则"源自自然统一性[N]. 中国社会科学报, 2016-09-20（4）.

[16] 卡尔·波普. 历史决定论的贫困[M]. 杜汝楫, 邱仁宗, 译. 北京: 华夏出版社, 1987: 45-47.

[17] 卡尔·波普. 历史决定论的贫困[M]. 杜汝楫, 邱仁宗, 译. 北京: 华夏出版社, 1987: 74.

[18] 毛泽东. 毛泽东选集: 第一卷.[M]北京: 人民出版社, 1991: 296.

[19] 蒋劼. 融合与共享：有组织科研的问题与发展路径研究[J]. 金陵科技学院学报（社会科学版）, 2022, 36（3）: 31-36+76.

[20] Hulley S, Cummings S, Browner W, et al. Designing clinical research [M]. 3rd ed. Philadelphia: Lippincott Williams & Wilkins, 2007: 20.

[21]　D. E. 司托克斯. 基础科学与技术创新：巴斯德象限[M]. 周春彦，谷春立，译. 北京：科学出版社，1999：63.

[22]　国家自然基金委员会. 联合基金项目[EB/OL]. （2023－08－24）[2023－08－24]. https://www.nsfc.gov.cn/publish/portal0/tab934/.

[23]　吴卫红，王晓雨，李志兰，等. 国家自然科学基金联合基金项目成果应用贯通机制的探索与构建[J]. 中国科学基金，2021，35（S1）：40－46.

[24]　戴维·威勒，亨利·沃克，杜伟宇，等. 实验设计原理[M]. 重庆：重庆大学出版社，2010.

[25]　丹斯考姆，M. 怎样做好一项研究：小规模社会研究指南[M]. 3版. 上海：上海教育出版社，2011.

[26]　Fisher, Ronald Aylmer. "Statistical methods for research workers. "Breakthroughs in statistics: Methodology and distribution. New York, NY: Springer New York, 1970．66－70.

[27]　Neyman J．On the Two Different Aspects of the Representative Method The Method of Stratified Sampling and the Method of Purposive Selection[J]. Journal of the Royal Statistical Society, 1934，97（4）：558－625.

[28]　Koenig S．Sociology：an introduction to the science of society[M]. Barnes & Noble, 1968.

[29]　杜威，博伊兹顿，刘放桐，等. 杜威全集：晚期著作（1925—1953）[M]. 上海：华东师范大学出版社，2015.

[30]　赵煦. 论波普尔的思想实验观[J]. 自然辩证法通讯，2015，37（1）：7.

[31]　刘军强，胡国鹏，李振. 试点与实验：社会实验法及其对试点机制的启示[J]. 政治学研究，2018（4）：15.

[32]　Campbell D T, Stanley J C. Experimental and quasi－experimental designs for research[M]. Ravenio books, 2015.

[33]　马修·萨尔加尼克. 计算社会学——数据时代的社会研究 [M]. 中信出版集团：北京，2019：52－59.

[34]　Bouwman R, Grimmelikhuijsen S. Experimental public administration from 1992 to 2014: A systematic literature review and ways forward[J]. International Journal of Public Sector Management, 2016，29（2）：110－131.

[35]　代涛涛，陈志霞. 行为公共管理研究中的实验方法：类型与应用[J]. 公共行政评论，2019，12（6）：21.

[36]　艾尔·巴比. 社会研究方法[M]邱泽奇，译. 北京：清华大学出版社，2015.

[37]　Schram A. Artificiality: The tension between internal and external validity in economic experiments[J]. Journal of Economic Methodology, 2005，12（2）：225－237.

[38]　Milgram S. Behavioral study of obedience[J]. The Journal of Abnormal and Social

Psychology, 1963, 67（4）: 371.

[39] 罗俊, 汪丁丁, 叶航, 等. 走向真实世界的实验经济学——田野实验研究综述[J]. 经济学（季刊）, 2015, 14（03）: 853-884.

[40] Burke M, Hsiang S M, Miguel E. Climate and conflict[J]. Annu Rev Econ, 2015, 7（1）: 577-617.

[41] 郝龙. 互联网社会科学实验: 方法创新与价值评价[J]. 中南大学学报: 社会科学版, 2020, 26（6）: 163-174.

[42] 苏竣, 魏钰明, 黄萃. 社会实验: 人工智能社会影响研究的新路径[J]. 中国软科学, 2020.

[43] Crawford K, Calo R. There is a blind spot in AI research[J]. Nature, 2016, 538（7625）: 311-313.

[44] 苏竣, 魏钰明, 黄萃. 基于场景生态的人工智能社会影响整合分析框架[J]. 科学学与科学技术管理, 2021, 42（5）: 17.

[45] 王飞跃. 计算实验方法与复杂系统行为分析和决策评估[J]. 系统仿真学报, 2004, 16（5）: 5.

[46] 薛霄, 于湘凝, 周德雨, 等. 计算实验方法的溯源, 现状与展望[J]. 自动化学报, 2023, 49（2）: 246-271.

[47] 解志韬. 高校文科实验室的功能定位、逻辑机理与建设路径——基于"新文科"发展的交叉科学视角[J]. 南京社会科学, 2022（05）: 126-132.

[48] 朱霞, 张舸. 高校科研仪器设备管理文献综述[J]. 实验室研究与探索, 2019, 38（11）: 274-277.

[49] 郝红全, 赵英弘, 杨好好, 等. 国家重大科研仪器研制项目管理改革经验及展望[J/OL]. 中国科学基金: 1-6[2023-08-25]. https://doi.org/10.16262/j.cnki.1000-8217.20230720.001.

[50] 李阳. 基于比较视角的中美国家级实验室建设研究[D]. 吉林大学, 2021.

[51] 解志韬, 胡菲菲. 高校文科实验室助力"新文科"建设[J]. 中国高等教育, 2022（07）: 56-58.

[52] 曾会明. 变革时代呼唤多元化的专业智库[J]. 新闻战线, 2018（03）: 37-38.

[53] 陈平, 刘芹. 以系统化思维推动新型智库现代化建设[N]. 中国社会科学报, 2022-01-20（002）.

[54] 庞珣. 创新性学术社群: 社会科学实验室的使命与精神[J]. 大学与学科, 2022, 3（04）: 40-50.

[55] 张小劲, 孟天广. 论计算社会科学的缘起、发展与创新范式[J]. 理论探索, 2017（06）: 33-38.

[56] 曾会明. 变革时代呼唤多元化的专业智库[J]. 新闻战线, 2018（03）: 37-38.

[57] 陈平,刘芹. 以系统化思维推动新型智库现代化建设[N]. 中国社会科学报,2022-01-20(002).

[58] 庞珣. 创新性学术社群:社会科学实验室的使命与精神[J]. 大学与学科,2022,3(04):40-50.

[59] 张小劲,孟天广. 论计算社会科学的缘起、发展与创新范式[J]. 理论探索,2017(06):33-38.

[60] 张娅琳,刘宇濠. 大型科研仪器设备共享平台建设机制[J]. 实验室研究与探索,2022,41(04):271-274+293.

[61] 武向侠,王欣,田鹏. 高校实验室安全管理工作体系的构建与探索[J]. 实验室研究与探索,2017,36(12):286-289.

[62] 王萌. 什么是科研成果[J]. 江西财经学院学报,1985(5):5.

[63] 李超,韦飞. 中国空间科学任务有效载荷的管理[J]. 科技导报,2020,38(15):37-44.

[64] 甄浩,姜雨萌. 基于多层次灰度理论的高校实验技术人员人力资源价值评价研究[J]. 高教学刊,2022,8(S1):59-62.

[65] 李楠,库天梅,李亚娟,等. 高校实验技术人员的发展困境与对策研究[J]. 实验室科学,2022,25(03):165-168.

[66] 郭艳,尚超,马玉继,等. 科研实验室建设与人才培养研究[J]. 中国继续医学教育,2017,9(15):59-60.

[67] 潘玉腾. 高校实施有组织科研的问题解构与路径建构[J]. 中国高等教育,2022(Z3):12-14.

[68] 刘博超. "有组织科研"对高校意味着什么[N]. 光明日报,2022-09-20(014).

[69] 许治,杨芳芳,陈月娉. 重大科研项目合作困境——基于有组织无序视角的解释[J]. 科学学研究,2016,34(10):1515-1521+1540.

[70] 张政文. 以有组织科研推动高校哲学社会科学自立自强[J]. 中国高校社会科学,2023(01):87-104+159.

[71] 李彦姝. 高校哲学社会科学"有组织科研"理论研讨会综述[J]. 中国高校社会科学,2022(05):155-156.

[72] 张艺,许治,朱桂龙. 协同创新的内涵、层次与框架[J]. 科技进步与对策,2018,35(18):20-28.

[73] 张志华,陈雨馨,赵波. 重大疫情应对中我国科研力量协同整合影响因素及优化策略研究[J]. 科技进步与对策,2020,37(14):1-7.

[74] 廖琳,苏涛,陈春花. 基于1996-2020年文献计量分析的团队冲突管理研究知识图谱与热点趋势研究[J]. 管理学报,2021,18(1):148.

[75] 陈周旺，段怀清，严峰，等．新文科：学术体系，学科体系，话语体系[J]．复旦教育论坛，2021，3：5-23．

[76] 陈浪城，邱伟青，于敏，等．高校实验技术队伍定编定岗方法与优化[J]．Research & Exploration in Laboratory, 2019, 38（6）．

[77] 侯光明．中国研究型大学理论探索与发展创新[M]．清华大学出版社有限公司，2005．

[78] 潘教峰，鲁晓，王光辉．科学研究模式变迁：有组织的基础研究[J]．中国科学院院刊，2021，36（12）：1395-1403．

[79] 丁敬达，王新明．基于作者贡献声明的合著者贡献率测度方法[J]．图书情报工作，2019，63（16）：95．

[80] 王强．学术期刊应重视引进和派出访问学者[J]．编辑学报，2007（04）：315-316．

[81] 吴田，杨佳乐．哲学社会科学科研人才评价体系构建研究[J]．中国社会科学评价，2022（03）：145-156．

[82] 常凤霞，张志宇．北海道大学社会科学实验研究中心的运行及其启示[J]．实验室研究与探索，2022（11）：157-164．

[83] 解志韬，胡菲菲．高校文科实验室助力"新文科"建设[J]．中国高等教育，2022（7）：56-58．

[84] 解志韬．高校文科实验室的功能定位、逻辑机理与建设路径——基于"新文科"发展的交叉科学视角[J]．南京社会科学，2022（5）：126-132，151．

[85] 董海军，凌伊．新文科建设背景下实验教学的创新与发展[J]．实验室研究与探索，2021（3）：216-220．

[86] 解志韬，胡菲菲．高校文科实验室助力"新文科"建设[J]．中国高等教育，2022（7）：56-58．

[87] 李菲．北京哲学社会科学研究基地建设经验和科学发展研究[J]．中华医学科研管理杂志，2014（1）：12-14．

[88] 张蕊．国防科技创新工作站项目绩效评价体系研究[D]．中国科学院大学，2019．

[89] 张伟滨，李朗．我国科技成果管理现状及对策分析[J]．科学与管理，2010（2X）：46-49．

第四章

[1] 许治，杨芳芳，陈月娉．重大科研项目合作困境——基于有组织无序视角的解释[J]．科学学研究，2016，34（10）：1515-1521．

[2] 周江林．在中国式现代进程中展现文科实验室新作为——数智时代我国文科实验室改革发展研讨会综述[J]．教育发展研究，2023，43（01）：81-84．

[3] HSU M, BHATT M, ADOLPHS R, et al. Neural Systems Responding to Degrees of Uncertainty

in Human Decision‑Making[J]. Science, 2005, 310 (5754): 1680-1683.

[4] Ma Q, Wang X. Cognitive Neuroscience, Neuroeconomics and Neuromanagement: the Future of the Neuroscience in the manage[J]. Management world, 2016, 10: 139-149.

[5] 解志韬. 高校文科实验室的功能定位、逻辑机理与建设路径——基于"新文科"发展的交叉科学视角[J]. 南京社会科学, 2022 (05): 126-132.

[6] 胡菲菲, 张思思. "新文科"背景下高校文科实验室建设特点与趋向[J]. 实验技术与管理, 2023, 40 (01): 221-226.

[7] 蒋建科. 开展学科对话 加强融合发展[N]. 人民日报, 2021-11-22.

[8] 解志韬. 高校文科实验室的功能定位、逻辑机理与建设路径——基于"新文科"发展的交叉科学视角[J]. 南京社会科学, 2022 (05): 126-132.

[9] 庞珣. 创新性学术社群：社会科学实验室的使命与精神[J]. 大学与学科, 2022 (4): 40-50.

[10] 解志韬. 高校文科实验室的功能定位、逻辑机理与建设路径——基于"新文科"发展的交叉科学视角[J]. 南京社会科学, 2022 (05): 126-132.

[11] 郭琳, 张媛, 何宛玲. 高校文科实验室建设的核心问题、基本原则与建设路径[J]. 实验技术与管理, 2023 (07): 228-232.

[12] 包万平. 文科实验室建设应关注"个性问题"[N]. 中国科学报, 2020-09-29.

[13] 陈先才, 胡雪儿. 整合重构：新文科背景下的社会科学实验室建设路径探析[J]. 山东大学学报（哲学社会科学版）, 2023 (02): 185-192.

[14] 包万平. 文科实验室建设应关注"个性问题"[N]. 中国科学报, 2020-09-29.

[15] 吴卫, 银路. 巴斯德象限取向模型与新型研发机构功能定位[J]. 技术经济, 2016, 35 (08): 38-44.

[16] 柯婷, 王亚煦. 高校新型研发机构服务粤港澳大湾区建设的路径探究[J]. 中国高校科技, 2021 (06): 12-15.

[17] 孙雁, 刘霞, 霍竹, 等. 新型研发机构建设的经验与启示——以北京为例[J]. 科技管理研究, 2022, 42 (16): 78-84.

[18] 解志韬. 后科学知识社会学视角下的文科实验室：转向、定位与进路[J]. 探索与争鸣, 2022 (06): 170-176.

[19] 陈先才, 胡雪儿. 整合重构：新文科背景下的社会科学实验室建设路径探析[J]. 山东大学学报（哲学社会科学版）, 2023 (02): 185-192.

[20] 胡菲菲, 张思思. "新文科"背景下高校文科实验室建设特点与趋向[J]. 实验技术与管理, 2023, 40 (01): 221-226.

[21] 孙雁, 刘霞, 霍竹, 等. 新型研发机构建设的经验与启示——以北京为例[J]. 科技管理研究, 2022, 42 (16): 78-84.

[22] 樊纲，樊建平. 国家战略科技力量 新型科研机构[M]. 中国经济出版社，2022.

[23] 王子丹，潘子欣. 粤港澳大湾区国际科技创新中心建设背景下广东推动新型研发机构高质量发展的对策研究[J]. 决策咨询，2022（01）：28-32.

[24] 陈先才，胡雪儿. 整合重构：新文科背景下的社会科学实验室建设路径探析[J]. 山东大学学报（哲学社会科学版），2023（02）：185-192.

[25] 王子丹，潘子欣. 粤港澳大湾区国际科技创新中心建设背景下广东推动新型研发机构高质量发展的对策研究[J]. 决策咨询，2022（01）：28-32.

[26] 孙雁，刘霞，霍竹，等. 新型研发机构建设的经验与启示——以北京为例[J]. 科技管理研究，2022，42（16）：78-84.

[27] 孙雁，刘霞，霍竹，等. 新型研发机构建设的经验与启示——以北京为例[J]. 科技管理研究，2022，42（16）：78-84.

[28] 樊纲，樊建平. 国家战略科技力量 新型科研机构[M]. 中国经济出版社，2022.

[29] 薛雅，王雪莹. "揭榜挂帅"机制给创新主体带来的挑战[J]. 科技中国，2021（11）：46-50.

[30] 孙雁，刘霞，霍竹，等. 新型研发机构建设的经验与启示——以北京为例[J]. 科技管理研究，2022，42（16）：78-84.

[31] 弗兰克·梯利. 西方哲学史[M]. 贾辰阳，解本远，译. 北京：光明日报出版社，2014：96-97.

[32] 刘东. 哲学社会科学+实验研究方法——哲学社会科学实验室的内涵与建设[EB/OL]. （2023-8-15）. https://www.hnzk.gov.cn/zhikuyanjiu/18490.html.

[33] 科技日报评论员. "揭榜挂帅"和"赛马"，让创新燃起来[N]. 科技日报，2021-06-03（01）.

[34] 胡菲菲，张思思. "新文科"背景下高校文科实验室建设特点与趋向[J]. 实验技术与管理，2023，40（01）：221-226.

[35] 中共中央 国务院关于构建数据基础制度更好发挥数据要素作用的意见[EB/OL].（2022-12-19）[2023-08-15]. https://www.gov.cn/zhengce/2022-12/19/content_5732695.htm.

[36] 田瑞颖. 首个科学数据专区举行签约仪式[EB/OL].（2023-5-30）[2023-08-15]. https://paper.sciencenet.cn/htmlnews/2023/5/501836.shtm.

[37] 汪寿阳，胡毅，熊熊，等. 复杂系统管理理论与方法研究[J]. 管理科学学报，2021，24（08）：1-9.

[38] 高自友，郭雷，刘中民，等. 大数据与人工智能时代下复杂系统管理研究的若干关键科学问题[J]. 中国科学基金，2023，37（03）：429-438.

[39] 焦磊. 高校"有组织科研"需系统推进[N]. 光明日报，2022-10-24（15）.

[40] 胡菲菲，张思思. "新文科"背景下高校文科实验室建设特点与趋向[J]. 实验技术与管理，2023，40（01）：221-226.